「いのち」を生きる

——キェルケゴールと親鸞に学ぶ——

山下秀智 著
Hidetomo Yamashita

晃洋書房

まえがき

かつて出版した『宗教的実存の展開』（創言社、二〇〇〇年）に未収録の論考や随筆、それに最近書いた論文や講演の内から、取捨選択して、本書『「いのち」を生きる』を出すこととした。副題として「キェルケゴールと親鸞に学ぶ」としたが、これは私が一貫してテーマとしてきたことである。相変わらずですねと言われれば、その通りであるが、致し方ないことである。

『「いのち」を生きる』という表題について、一言しておきたい。みんな、「いのち」を生きているのである。人間だけでなく、動物、植物、さらにまた山河大地も「いのち」を生きている。しかし、このことに目覚めて、いきいきと「いのち」を生きている人は稀である。この場合の「いのち」は仏教で言えば「如」、キリスト教でいえば「神」（永遠のいのち）である。如や神と関係しつつ人生を送ることが、宗教的な生である。しかもそのことが、「いのち」の方から可能となるというのが、仏教、キリスト教の教えである。また、「いのち」の目覚めは、「いのち」に背いて生きている自己を発見することでもある。

『「いのち」を生きる』という表題について、「を」ではなく「に」の方が正しいのではないか、という意見もあろう。その通りだと思う。しかし、私は、かねがね信仰の現実性を「既に」と「未だ……ない」の相即において捉えてきた。「に」はどちらかといえば、「既に」いのちのはたらきの内にいる状態を示している。しかしこれだけを強調すれば、却って信心や信仰の現実性が見失われるのではないか。例えば、木村無相の「信者になったら　おしまいだ　信者になれぬ　そのままで　ナンマンダブツ　ナンマンダブツ」といった念仏詩などは、この間の微妙な事情を的確に表現している。おそらく、キリスト教においても、信仰は道であり、それゆえ、「われ信ず、信仰なき我を助け給へ」（マルコ伝、第九章第二四節）という聖句が存在するのである。人間は、すぐに自らを支える台をこしらえ、そこに安住しがちである。しかし、「いのち」との出会いは、出会い切れていない自己との出会いでもある。その自己が、「いのち」を受取り直すのである。――こうした宗教的実存のあり方を、あえて私は「を」に託したのである。

宗教に関する私の立場は、実に簡単であって、「宗教を生きる」ということであり、具体的には「ただ念仏」である。それでは、このような著書を出す必要はないのではないかと言われるかもしれないが、しかし、こうした立場を弁証することも意義なしとはしない。

ただし、この立場を論じることは難しい。私の最初の経験は、文学少年であった頃に、詩や小説の創作に熱中している時、ふと、自分は書くために生きるのか、生きて書くのかという、不思議な問いにとらわれたことがある。言葉を用いて何かを書くという行為が、生きるということを汚すような気がしたのである。哲学を多少学んだが、「生」の現実性を思索することは、いよいよ難しく感じる。

本書は、第Ⅰ部「講演」、第Ⅱ部「キェルケゴールの言葉に学ぶ」からなる。前者には、三つの講演録が、後者には四つの小論が収められた。これらをまとめつつ、「いのち」を生きるということが、常に私の関心事であったことを、改めて知ったのである。――なお、「調律」の意味を込めて、最初に二つの詩を添えた。

本書が、読者に「いのち」を生きることについて、何らかのヒントを与えることができれば、望外のことである。

二〇一八年

山下秀智

目次

第Ⅱ部　キェルケゴールの言葉に学ぶ

序にかえて――詩二篇

一　『起信論』「水波の比喩」に学ぶ

風が吹いて
静かな海水に
千差万別の波が生まれる。
しかし、その千差万別の波も、
ただ一つの水が仮に形を取ったにすぎない。

道端に咲く、赤い花、白い花、青い花、……

ただ一つのいのちが、仮に姿を取って
咲いているのだ。

善悪・明暗・この世あの世・幸不幸・男女……
挙げれるだけの差別を、君は挙げてよい。
しかし、それは一つのいのちの仮の姿にすぎない。

人は、この千差万別の波しか見ない。
そして、その違いにこだわり、
自信をもったりひがんだりする。

だが、この波は刹那に変化し、
君の、さまざまな思いなど、恐ろしい力で
押し流してしまうだろう。

波は仮に生まれる。

そのことを空というのである。
色（あらゆる形あるもの）は、空なのである。
色即是空

波は一如の水である。
どんな波も、おおきないのちのあらわれなのだ。
この一々の波をおろそかにしてはならない。
それは、かけがえのない、いのちのあらわれ。
空即是色

今の君を、ひたすら生きればいいのである。
帰るところは、決まっている。
大いなるいのちの世界である。

浄土教は、この大いなるいのちを
阿弥陀と音写し、意味は無量寿・無量光である。

一如の海水に目覚め、
差別にこだわることなく、
共に同じいのちを生きていることを知り、
平和な社会を作っていこう。

注

『大乗起信論』は、アシュバゴーシャ（馬鳴）の作とされるが、私もこれをテキストに演習を行ったことがある。如来蔵思想の論であるが、日本でも各宗派が研鑽を積み重ねてきた。その解釈も宗派によって異なった部分がある。私は、この中の水波の譬喩を詩にしたまでであるが、大乗仏教の特徴を考える上で、多くの示唆を与えてくれるように思う。この思想の基礎にあるのが「縁起」である。

二　縁起に学ぶ

縁とは、縁起がいいとか悪いとかいった意味ではない。
ただ「条件」と置き換えよう。

この世のすべては、
数限りない「条件」が重なって生起している。

無限の網を考えればいい。
今・ここに生きている君は
この無限の網の一つの網の目なのだ。

君を生かせているのは
無限の条件、数限りない縁である。
ご先祖様を、父母、祖父・祖母……と限定してはならない。
いのちの歴史は、
四十億年さかのぼるのだから。

血縁や、派閥にこだわってはならない。
特に民族などにこだわってはならない。
これが『歎異抄』第五条、第六条のこころである。

君が食事に用いた
お箸を考えよう。
そのお箸を主人公にするなら、
そのお箸は、全宇宙の条件（縁）を従えて、
今・そこに、特に君とは深いご縁をもって
存在しているのである。

条件は、刻々と変わっていく。
この世のあらゆるものは常ない。
これを諸行無常という。
だから、君もお箸も、仮に
今・ここにあるのだ。

仮にあるからといって、
今・ここをおろそかにしてはならない。

無限大のジクソーパズルの一こまとして、
今・ここに生きている君が抜けるなら、
大きないのちははたらきようがなくなるのだ。

数限りない縁の世界は、
人間の知では、到底測りえない。
それを不思議という。
しかし、その不思議にすべては生かされているのだ。

浄土教は、この大きな縁の世界を
阿弥陀と音写し、意味は無量寿・無量光である。
阿弥陀に目覚めた阿弥陀仏は、
自分の命の根っこに気づきもせずに
生きている人間に
なんとか、このはかりなきいのちに目覚めさせたいと
ついに南無阿弥陀仏となられた。

これを名号という。
それは、目覚めよ！ の呼び声。

注

なお、この詩のもとになったのは、次の文である。

「人びとの苦しみには原因があり、人びとのさとりには道があるように、すべてのものは、みな縁（条件）によって生まれ、縁によって滅びる。雨の降るのも、風の吹くのも、花の咲くのも、葉の散るのも、すべて縁によって生じ、縁によって滅びるのである。この身は父母を縁として生まれ、食物によって維持され、また、この心も経験と知識によって育ったものである。だから、この身も、この心も、縁によって成り立ち、縁によって変わるといわなければならない」。「網の目が、互いにつながりあって網を作っているように、すべてのものは、つながりあってできている。一つの網の目が、それだけで網の目であると考えるならば、大きな誤りである。網の目は、ほかの網の目とかかわりあって、一つの網の目といわれる。網の目は、それぞれ、ほかの網が成り立つために、役立っている」。（仏教伝道協会『仏教聖典』「不思議なつながり」英訳版、八一―八三頁）

第Ⅰ部　講　演

第一章　動的「一」について

この講演は、「鈴木大拙を読み直す」という一連の講義の内の一つとして、二〇一五年二月二八日に在家仏教協会主催で行われたものである。私は大拙の『浄土系思想論』を取り上げた。その内容は、『在家仏教』七六〇号に掲載された。

一　あるものはなぜあるのか

鈴木大拙の著書の中で私は『浄土系思想論』を取り上げました。ただ、この本の中には多岐にわたる大拙先生のご意見が含まれていて、その全部にふれるというとまとまりのないお話になってしまいますので、この中からテーマを「名号」に絞ってみたいと思います。南無阿弥陀仏という名号は浄土真宗の教えの中心であり、「お名号の一人働き」などとも言われるくらいです。これを大拙先生がどう考えているかを見ていきたいと思います。

まず、名号の問題に入る前に、一般論としての「存在と言葉」についてお話しします。これは哲学の根本問題で、二〇世紀にはドイツのハイデガーが深く追求しています。

余談になりますが、二〇世紀になってから本格的な哲学書が出ていませんね。なぜか分かりませんが、もう一度ハイデガーなどの考えていたことを振り返り、我々の精神的な座標軸を構築し直さなければ大変なことになるという気がします。

ハイデガーは『形而上学入門』の最初に、「あるものはなぜあって、ないのではないか」という問いを出してきます。そういうことに驚かないと哲学の道には入れないよというメッセージです。私たちはいろいろなものがある世界に生きている。考えてみたら、私たちはなぜこんなふうに、ありとあらゆるものに囲まれながら生きているのか。こんな世界がなぜあるのか、私は年齢を重ねても、いまだに解けません。実はハイデガーも解けなかったのです。そして問い続けたのです。哲学の存在論という分野では、ギリシャの昔からこの問いに驚異（タウマゼイン）を感じてきたのです(1)。

あるものはなぜあるのか。存在するものをドイツ語で Seiendes と言います。ハイデガーの目論見は、存在するもの（Seiendes）を存在せしめている存在そのもの（Sein）を明らかにすることでした。この問いを追求するためにハイデガーは、たくさんあるものの中で特殊なあるものがある、それが現存在（Dasein）であると考えました。現に存在していると意識しているのは人間だけです。樹木や机は現にあるということを知らない。人間のことを現存在と名づけ、現存在分析こそが哲学の基礎的課題なのだというのです。ハイデガーのこの仕事は、哲学のみならず精神分析学など二〇世紀の他の学問分野にも大きな影響を与えていきました。

ハイデガーは、あるとはなにかについて迫ろうとしました。『存在と時間』という主著では、現存在分析ということに多くのページを費やしました。人はもはやこの世に投げ込まれていて、死へと向かっている存在である、という有名な人間存在の定義などが出てきます。ところがハイデガーは、存在と時間について書こうとしながら、ついに頓挫します。現象学の方法を使いながら現存在分析を追求して分かったのは、存在という問題は、言葉をいくら駆使しても、存在そのものを掴みとることはできないということでした。

そこでハイデガーはのちに、哲学の用語でSeinは捉えられない、むしろ言葉を使い、ものを考えることそれ自体が、存在によって可能になってくるといいました。DaseinからSeinではなくて、SeinからDaseinへと方向転換して考えたのです。「言葉というのは存在の家である」（『ヒューマニズムについての書簡』）とも言っています。存在のほうから考えるというように視点を逆転させ、言葉によって汲みつくせない存在の世界を問題にするようになるのです。著書の中ではSeinの文字に×印を使った活字まで使っております(2)。

二　法は言葉で捉えられない

ハイデガーについてはこれ以上に詳しくは述べませんが、よく似た問題は仏教にもあります。釈尊の悟りは、縁起法の発見にありました。簡単に言うと、現実のこの世界は、数限りない縁によって成り立っています。縁とは諸々の条件です。現象世界は衆縁和合によって成立しているという真実を仏教では法（ダルマ）といいます。また、縁は刹那に生滅しますから、縁によって成立する現実は刻々と変化します。このことを諸行無常というのです。

現実を生み出している法というものは、言葉で捉えることができません。これは前期ハイデガーがつまずいた問題でもありました。同様に釈尊が発見した縁起法も、言葉では表現できないものなのです。法という言葉で、あるいは真如や空といった言葉で表現しているではないかと思うかもしれませんが、表現できないものをあくまでそう呼んでいるだけなのです。空と言ってしまうと空が何か固定したものになってしまうのですが、表現しないとしかたないので、仮に空と名付けているのです。

表現できないからといって、表現しなかったらなにもないと、鈴木大拙も言っています。ちょうどハイデガーが苦労してSeinに×印を付けたのと同様です。空と言ったら空が固定して空でなくなってしまうので、空もまた空である（空亦復空）などと言うのです。これが厄介なのですが、そのような言えないもの、生きて動いているもの、刻々と変化し刹那に生滅しているのが現実です。

法とは、サンズイに去ると書きます。流水ですね。これに行く雲を加えて、「雲水」という言葉ができますが、修行中の禅僧を意味します。禅者は思惑（内山興正師は思枠といわれますが）を打ち破って、いのちの流れそのものに合流するのです。私はそのように解釈します。

水が流れていくというのは、実は厄介なテーマです。中国の故事に、乗った船から川に剣を落としてしまい、探そうとして船べりに落とした場所の目印を付けたという話があります。水の流れで船は動いているわけですから、たいへん愚かな行為です。良寛はある詩の中で、「耐えがたし、舷《ふなべり》に刻む者」と述べています。しかし実は、ふだん私たちがやっているのも、案外こんなことなのです。法というのは動いている世界ですから、これを言葉でキャッチしようとしても、生きたままでは掴むことができないのです。(3)

三　当初は説法を躊躇した

真なるものは言語化できないものであるということをまず確認しました。

しかし逆に、真理を言葉で表現しないままにしておいたらどうでしょうか。いかに言葉を尽くしても真理は言葉で表現できないからといって、言語化しないならば、そうした真理はもはや何ものでもなくなります。人間にとって、やはり真なるものとの交流を実現するには、その言語化しかないのです。

これが釈尊が成道した時の苦悩の秘密です。釈尊は現実の世界から、事実ありのままを生み出している真如の世界に行かれた。しかし自分の悟った法は非常に難解なので、これを一般の人に話しても分からないだろうと考え、説法を躊躇したと伝えられています。

説法という言葉は考えてみると矛盾しています。法は生きて動いているものですから、それを言葉で説くことなどできません。説けないものを説くということに釈尊は悩まれます。それを見た梵天が三度、説法してくれるようお願いします。これを梵天勧請と言います。そこでついに法を説かれます。この決断を、初めて法の輪を転じたということで初転法輪と言います(4)。

これはたいへんな決断です。間違った行為かもしれないのに、法を悟った者として、説かないわけにいかない。説かなかったら、凡夫は真如の世界に行けないわけです。説くことによって初めて仏道という道ができたのです。

向こうの世界（如）からこちらの世界へ来ることを、如来と言います。英国の仏教学者のリス・デヴィツが、如来を英語に訳するのに苦労して way man と訳しました。二つの国、娑婆と仏国土をつなげておく人という意味です。この語は本来、二つの土地をつなぐ道を管理している人のことを言いました。台風で壊れたらすぐに修復する、いつでも道を確保しておく人のことを、如来に当てたので

す。way man については武内義範先生が言及しておられます。(5)

仏は浄土にじっとしていてはいけないのです。苦しみの世界を無視して仏になりましたなんて言っているのではなく、娑婆に帰ってこなければならないのです。これが成道時のエピソードとして描かれていますが、それはエピソードというよりもむしろ、釈尊自身の中に起こった重要な課題だったのです。かくしてついに「甘露の門は開かれた」といって初転法輪となるわけです。

釈尊は向こうの世界の法や真如といったことを伝えようとして説法をされました。説法を開始したけれど、聞き手のほうはすぐに言葉にとらわれるのです。本来ならば言葉を通じて法に目覚めなければならないのです。これはよく、月と指に喩えられます。釈尊があれを見なさいと月を指さす。すると月を見ないでみな指を見ている。そういう危険性は初転法輪からすでに起こっていたのです。

私たちは仏典を通して法に目覚めなければなりません。船べりに何か刻んでばかりいるのではなく、流れる水と共に生きなければならないのです。これを親鸞聖人は「自然法爾《じねんほうに》」と言っています。仏法を生きるというのは、本を百冊も二百冊も積み重ねることではありません。仏教は八万四千の法門といわれるようにたくさんの教えがありますが、その目的は如と一つになることなのです。

真如は言葉にできないのですから、離言（りごん）真如です。しかし真如が言葉とは無関係にじっと留まっているとしたら何も伝わらない。そこで言葉による依言（えごん）真如というのが『大乗起信論』では説かれるわけです。

四　法を名号として具体化

今、現に生きて動いている現実（真如）と一つになって生きることが、仏教徒になるということです。しかし、なかなかそれが現実化しないのです。それは我々が常に、思惟や言葉で生きているからです。

これは哲学の基礎ですが、ものを考えるという時には必ず、考えている私と、私に考えられた対象があります。この思惟の構造を主観－客観分裂という言葉で表現します。私が一本の木を前にすると、「これは樹齢何十年のクスノキの木である」と意識している私と、私に考えられているクスノキがある。ものを考えている時は、私に考えられているクスノキを見ているわけで、生きた対象としてクスノキそのものを見ているのではないのです。

これが人間の宿命です。仏教ではこれを分別と言います。分別は所見・能見とか、唯識では相・見といった構造をもっています。この分別を超えて無分別になるということが、仏教徒としての生き方であります(6)。

真理（法）が言葉を超えているということ、しかし、言語化されない真理はなにものでもないということ、そこに真なるものを表現することの難しさがあるのです。

これは釈尊の説法躊躇の苦しみのテーマです。縁起の法に目覚めても、それを伝えなければ何にもなりません。それが人間の宿命です。法は我々にとっての法にならない限り、法にはなり得ないのです。経典そのものもそうした意義を持っていますが、特に浄土教は、この問題を名号として具体化したのです。

鈴木大拙は、この言葉の持っている秘密を、「名」の持つ宗教的意義として強調されています。

「名」が深い意味を有することは、宗教史に在りては、殊に明確な事実である、悪魔の意味を知つてゐれば、これを呼び出して思ふがままにこれを駆使することができる。原始民族の中では、新たに成人となつたものが、その成人式に於て、先づ第一に教へられることは、祈祷をささぐべき神の名であるとのことである。日本の神話でも神の名を知ることは大事なことであつた。物はこれに名を与へることによつて、その存在が確かめられると云つてよいのである。名を与へることは、或る意味でそのものを創り出だすことである、而して創り出だすことは最も驚嘆すべきことであり、不可思議な力である。弥陀がその名号を十方に聞えしめんと意志した時、彼の願ふところは一切衆生の心に弥陀の姿を喚び覚ますことであつた。而してこれら個個の弥陀信者が、無量光・無量寿の弥陀の呼び声に応じた時、ここに彼らの信仰は確立し、浄土往生は確証せられるのである。(7)

『無量寿経』では、むかし法蔵菩薩が十方衆生を救おうと五劫思惟し、兆載永劫の修行をしたと言われます。これはお話であって、いわば法蔵菩薩の物語です。法蔵菩薩はその本願を名号として具体化します。ついに法は南無阿弥陀仏という名号になったのです。

親鸞聖人の『教行信証』（教巻）には、「それ、真実の教を顕さば、すなわち『大無量寿経』これなり。この経の大意は、弥陀、誓いを超発して、広く法蔵を開きて、凡小を哀れみて、選びて功徳の宝を施することをいたす。釈迦、世に出興して、道教を光闡して、群萌を拯い、恵むに真実の利をもってせんと欲してなり。ここをもって、如来の本願を説きて、経の宗致とす。すなわち、仏の名号をもって、経の体とするなり」とあります。有名な宗体論です。ここを大拙は英訳して、

…… Thus we see that main theme of this Sutra is Nyorai's Original Player and that its substance is the Buddha-Name……

と書き、この the Buddha-Name の注釈として、

The Name of Amida Buddha, Myōgō is the cornerstone of the entire structure of Pure Land Buddhism. Since ordinary beings of this land of particulars cannot have an immediate relation to Amida's Pureland, the mediation of the Name is imperative. The Name is linked on one side with the sahā world and on the other with the Pure Land.

と記しています。如来の胸（宗）の内にある衆生救済の根本願が、ついに名号にまで具「体」化したのです。ここでは体を強調しておきたいと思います。如は形なき世界です。キリスト教における神－人の逆説（神が人となった）を参考にしていえば、如が言葉となったと言えます。いかなる媒介（mediation）も入り込めない真如法性の世界が、人間界の真っ只中に突入する道（way）として、南無阿弥陀仏となったのです。ある意味で、浄土教の根本的な構造の礎石（cornerstone）として、名号が位置づけられています。

鈴木大拙は「即非」の論理ということを言います。釈尊は即ち釈尊に非ず、ゆえに釈尊である。ただちに仏国土から娑婆に帰ってきた時に、初めて釈尊なのです。如は即ち如に非ず、ゆえに如なのです。名号になったときに、初めて如は如なのです。

五　名即法・法即名

次の文章で大拙は、名即法・法即名ということを言われています。

知的人間の制約として、法（ダルマ）だけの存在はない、法は必ず名を有《も》つ、名あることによつて法がある。法を攫《つか》む途はそれに名を附けることである。哲学者も、普通人も、同じ法を見てゐても、前者は色々の名号で法そのものにつきて知るところが多い、即ち法を生かすことを心得てゐる。普通人は法に対して漠然たる概念しか有たぬ。従つて法を生かして使ふことを知らぬ。哲学者の努力は、名即法・法即名をして、吾等人間の行為の上に、極めて緊密な、而して生々した関係を持たしめんとするところに在ると、自分は信ずる。名号が概念に止まらないで、実法そのものとならなくてはならぬ。それをするには、概念が愈々明白に愈々精確とならなければならぬ。即ち名即法・法即名に不思議体験の息が通はなくてはならぬ。ここで哲学者はその半面に宗教人となるべき可能性がある。それはそれとして、名即法が法即名となる時、始めて「南無阿弥陀仏」の定立がある。この定立で称名と聞名とは一つものとなる。同時に実現するのである。(8)

南無阿弥陀仏と称えるだけでは名と法は直結しない。そこに「不思議体験」が必要だというのです。

これは如来のほうから言えば、まず法が名になるということで、法即名ということが言えると思います。縁起法が名号に具体化したのです。この名号によって衆生救済が可能になったのです。しかしこの法即名が名即法になる必要があります。

法と名が生きてつながっていかなければなりません。つながるとは単に「南無阿弥陀仏」とお念仏を称えるだけではつながらないのです。そこに如来の本願、お前を救わずにはおかない（「若不生者、不取正覚」）という願いが、私の心に届けられる。自分が称えているのだけれど、称えている名号を通して、如来の願心が私を貫いてくる。本当に聞けるというのが、願心が私の心に届いたことである、これを信心というのです。信心というのは自分で作ろうと思って作れるものではないのです。如来から届けられるものなのです。ここは緊迫した表現になっています。

ここでいう「不思議体験」は、注意深く読まなければなりません。『浄土系思想論』ではしばしば言及されていますが、不思議とは思議を超えて無分別に至ることです。感覚・悟性（理性）では生きた南無阿弥陀仏にはならないのです。そこに霊性が開かれなければなりません。感覚・悟性・霊性という三段階説はここでは詳しく申し述べられませんが、名と法との間に息が通い、称名が聞名になるというのです。

親鸞聖人の教えでは、聞は信です。如来の願心が、この罪悪深重・煩悩熾盛（『歎異抄』）の私の心の真っ只中に突入してくるのです。私が称える南無阿弥陀仏が、本願招喚の勅命となるのです。

六　「不思議体験」への違和感

ただ私は、この「不思議体験の息が通う」というところを読んで、親鸞教徒として若干の違和感を覚えました。それは大拙への批判ということではなくて、やはり禅と浄土教の違いとして感じたのです。法即名において、私は如来の光明に照らされて、初めて罪悪深重・煩悩熾盛の自己の姿に目覚める。同時に、名号に込められた如来の大悲にも目覚めることになります。それを不思議体験と言ってしまっては、どうも物足りなく思うのです。

浄土真宗ではこのことを二種深信といいます。こうした二種深信の構造が、この引用文にはなんとなく欠けているように感じました。『歎異抄』で言えば、宿業の自覚ということです。その自覚において初めて名と法との間に、どくどくと血が通うのです。天地山河と一体となるのです。

鈴木大拙と曽我量深、金子大榮の三人が比叡山観光ホテルで会談を行いました。(9) この会談において曽我量深は、《私らはその義というものを混乱しない。ところが鈴木先生の話を聞くと、義というものも、その体の同一であるということだけを主張されて、義の違うことを軽くお考えになる》と言っています。

解説で坂東性純は、《大拙は禅者として、浄土教に関説する際は、「アミダは遠くにあるところの浄土を統制しているのではなく、アミダの浄土はこの穢土そのものであります」(『真宗入門』)というように、「二にして二」の一の側面に力点を置く説きぶりを常としましたが、曽我師は、その一を体、二を義と呼び、一を踏まえた二を浄土教が強調するのは、混乱なからしめんためとここで説いている》と記しておられます。

大拙の言う「二にして一」という面は、曇鸞大師の考え方と一致する面もあります。しかし曽我量深が言おうとしているのは、穢土が浄土であると一挙に結びつけてしまえないところに人間の有限性というものがあると浄土教では見るということなのです。

七　動的「一」に生きる

この二と一ということも学んで面白いところです。大拙は『浄土系思想論』で次のように述べています。禅僧の趙州が弟子に、明暗や善悪や此土・彼土の矛盾の問題を提出し、「お前は一体どこにいるべきなのか」と迫ります。弟子は「矛盾（両頭）のどちらにも付きません」と答えます。趙州は「それでは中間にいるのか」と畳み掛けます。矛盾の両頭を統一するとなると、その統一がまた両頭と対立することになり、新たな両頭が現れ出ます。これに対して弟子は「三句を使い得たり」と答えました。

> 人間の思想の動きは、三句を超出するわけにはいかぬ。ただの一では無も同様だ、否、無そのものであらうが、その一たる所以を肯定するには、自己を否定しなくてはならぬ。即ち自分に対して立つものが要る。それが二である。併し二に止まると、矛盾だけがあつて、まとまりがつか

ぬ。いつも喧嘩ばかりする、何かもう一つなくてはならぬ。一が一に還らぬ。ところが、この還つたと思ふ一がまたこの外に独立したがる。それで三になる。三になるが、その実は、これとさきの二との対立が出来て、また新たな二が出来上る。二を一にしようとして、また二つになつたわけである。この矛盾をさけるために、更にまた他の一を立てると、一・二・三はいつも繰り返されて、窮極がなくなる。吾等はとても「三句裏を出得せぬ」ことになる。併しこの堂堂廻りは、つまるところ、三句を静的に考へてゐるからである。始めから、一を、動くもの、働くもの、行為するものと見ないからである。行きつまりの失は、三句を使ひ得ぬところに在りと云はなくてはならぬ。始めから一を動的に解して、相互往還的運動をなすものと見る時、一は二になつても、その間に回互運動があるので、無礙の作用がそこから展開する。これが三句を使ひ得ると云ふのである。(10)

これは哲学で言うと、弁証法の問題です。定立があれば反定立が出てきます。これは究極的には絶対矛盾ですが、その矛盾を調停しようとして、ヘーゲルで言えば止揚ということが行われます。それが綜合です。しかし綜合というものもまた定立されるなら当然、反定立を引き起こします。こうして、論理的に言えば、一・二・三がいつも繰り返されて、窮極がなくなり、私たちはとても「三句裏を出得せぬ」ことになります。一・二・三は、キェルケゴールもよく使った表現で、ヘーゲル哲学への痛烈な批判となっています[11]。これは悟性・理性の、分別の領域の出来事であって、この論理では宗教の真理には踏み込めないと大拙は言います。

「始めから一を動的に解して、相互往還的運動をなすものと見る時、一は二になつても、その間に回互運動があるので、無礙の作用がそこから展開する。これが三句を使ひ得ると云ふのである」というのは素晴らしい表現だと思います。この動的な一、西田哲学で言えば絶対無、それこそが真如とか空といった究極的な存在を表現したものなのでしょう。

　「州曰無」も、洞山の「無寒暑処」も、「南無阿弥陀仏」も、ただじつとしてゐては、此世界も彼世界も展開せぬ。名号の中に本願を蔵してゐなければならぬ。それで、衆生と仏、娑婆と浄土とがその中から動き出る。さきに宗教意識は回互的運動をその性格としてゐると云つたが、それはこの意味である。浄土教でも、禅でも、仏教中の一体系である限り、何れも行為的一を説くのである。名号も、公案も、行為的一者である。それで、動く三がある。（同）

これが大拙にとっての仏教の根本です。行為的一、動的一です。ここから浄土も娑婆もみんな出てくる。出てきたところを理性で太刀打ちしようとしたら、三句裏を出ずに、どこまでも展開するばかりです。そうではなくて、出てきた三が動的一に戻るのです。

理性の場で論理の問題を考えるのではなく、一が二に分裂しても、すぐにそれを動的な一の中に吸収していく。あるいは、動的一から一切の矛盾が出てきて、出てくるだけでその矛盾をすべて元に還すのです。この動的一を把握することが仏教なのだというのです。

このように言うと難しく聞こえるかもしれませんが、何のことはない、事実ありのままの世界は、縁起して諸行無常で動いている、そのいのちと一つになっていくのです。

念仏詩を数多く遺された木村無相さんが最後に到達したところは、「生きるんだ生きるんだ」という境地でした。このように叫ばなければならないのは、一方にいつも矛盾に巻き込まれて真に生き得ていない人間のあり方があるからです。動的一に生きるんだというところに念仏三昧ということがあるし、禅で言う只管打坐というのもあるのだと思うのです。

注

(1)　哲学はギリシャに始まるが、それは生活の実用上の必要よりも、目前の世界の存在への驚異 θαυμάζειν によって始まる。プラトンは、『テアイテトス』の中で、「なぜなら、実にその驚異（タウマゼイン）の情こそ知恵を愛し求める者の情なのだからね。つまり、求知（哲学）の始まりはこれよりほかにはないのだ」（田中美知太郎訳）（155d）と述べている。

（2）×のついたSeinについては、例えば『道標』（ハイデッガー全集、第九巻）、創文社、後ろから一一頁の訳語解説に詳しい。

（3）入矢義高『日本の禅語録　二十　良寛』講談社、一九七八年、一四〇頁参照。

なお、重要な詩なので、全部を載せておきたい（原文は漢詩であるが、これは入矢氏によって読み下したものである）。

「古仏の教法を留《のこ》せしは
　人をして自知せしめんがためなり
苟《いやし》くも人自知し了れば
古仏は何の施すところあらん
智あるひとは其の宗《むね》に達して
頓《とみ》に像外の人となる
愚者は故《ことさら》に拘束して
文に因って疎親を分つ
徒らに他《ひと》の珍宝を数え
日夜　精神を費やす
真《しん》を取れば
真は却って妄《もう》となる
妄を了ずれば
妄は即ち真となる
真も妄も両《ふた》つながら名言《みようごん》のみ

取捨　孰《いず》れに因ってか存せん
耐え叵《がた》し　舷《ふなべり》に刻む者
千古　空しく紛紜《ふんうん》するに」

（4）長尾雅人『大乗仏典』（世界の名著二）、中央公論社、一九七八年、一六頁参照。

（5）武内義範『著作集』第二巻、法藏館、二二六頁。

（6）無分別ということは誤解されやすい。参考のために『成唯識論』の立場を見ておこう。『成唯識論』では、無分別智について、相分、見分のあり方を三通り考えている。まずは、見分相分共に無くなるという考え方である。しかし、これだと無意識状態であり、下手をすると気絶と同じ状態になってしまう。第二の考え方は、見分相分ともにあるという見方である（相見倶有）。真如が相分であり、それに対応して、純粋な見分があるという見方であるが、これだとやはり分別になってしまう。心の中へ阿弥陀仏を思い浮かべたり、あるいは浄土を思い浮かべたり、真如や空を思い浮かべたら、それが信心やさとりであるということになってしまう。（もちろん信心やさとりはそういうものではないが、そのように誤解をする人が多い）。第三が護法正義であるが、「此の智には見は有って、相は無し」と、有見無相という立場を取る。これはある意味での直観である。仲野良俊の言葉を引用しておく。「真如と見分とが一つになっているから見分だけあるのです。対象化しているわけではないのです。こういうのをうなずくというのです。ただうなずくというだけです。心の中へ思い浮かべて、それを了解するというものではないのです。真如と一つになっている」。（『著作集』第二巻、唯識思想入門Ⅱ、二七〇頁）——うなずく何かがあるわけでなく、ただうなずくということがあるのである。例えば、真宗で言えば、本願に感動し、うなずいている、そのことだけがあるのである。

（7）鈴木大拙『浄土系思想論』「真宗管見」、『鈴木大拙全集』第六巻、岩波書店、一九六八年、五〇頁

（8）同「他力の信心につきて」二三〇頁。

（9）『浄土仏教の思想』第十五巻、講談社、一九九三年、一〇六頁以下参照。

（10）『浄土系思想論』「浄土観・名号・禅」一二八頁。

（11）キェルケゴールが「一、二、三」に言及している個所は、著作の中に全部で七か所あるが、代表的なものを取り上げておこう。

「一般に経験的な私は、純粋な「自我＝自我」とどのように関係するのだろうか。哲学者たらんとする者は、この点について、少し知りたいと思うだろうし、又、何よりも、「一、二、三、ココロルム」などと唱えて、魔法にかかったように、思弁的思想に変形させられて、笑うべき存在になりたいなどと思わないだろう。論理的思考に従事する者が、同時に人間であることを忘れず、たとえ体系を完成することができても、なお自分は実存する個人であることを忘れないなら、空想的なものや大法螺は次第に忘れ去られるであろう」。（『哲学的断片への結びの学問外れな後書』S. V. 3udg. Bd. 9, S. 100）

ヘーゲルの弁証法は、矛盾と言っても思想上・観念上の矛盾であり、それゆえ頭で調停できるようなものに過ぎない。定立（これが一）とそれに対立する反定立（これが二）は、綜合（これが三）へと止揚される。しかし、その三である綜合が定立され、さらに、反定立、綜合と展開する。一、二、三とテンポよく矛盾が解消されていく、そのおめでたさをキェルケゴールはあくことなく揶揄するのである。なぜなら、彼の抱えた矛盾は、絶望に喘ぐ人間が抱える矛盾であり、信仰へは飛躍による以外にはないからである。人間実存の、決断や飛躍を、ヘーゲルのように扱うのは空想であり、大法螺であるというのである。――なお、この訳は山下訳であるが、ein, zwei, drei, Kokolorum については、大谷長先生の、必読に値する註がなされている。（『原典訳キェルケゴール著作全集』第七巻、創言社、四八二頁参照）。

第二章　柔軟心《にゅうなんしん》について

この講演は、二〇〇一年一一月二六日、高倉会館親鸞聖人讃仰講演会でなされたものである。「ともしび」第五九四号に掲載された。（ここで聖典とあるのは、真宗大谷派の聖典である）。

一　「止観」ということ

ただいまご紹介いただきました山下です。親鸞聖人のお言葉を味わわせていただきながら、感じたことをお話させていただきたいと思います。

まず、「柔軟心」という言葉についてですが、『教行信証』に曇鸞大師の『論註』の引用があります。

「善巧摂化《ぜんぎょうせっけ》」とは、「かくのごときの菩薩は、奢摩他《しゃまた》・毘婆舎那《びばしゃな》、広略修行成就して、柔軟心《にゅうなんしん》なり」（論）とのたまえり。柔軟心とは、謂《い》わく広略の止観《しかん》、相順《そうじゅん》し修行して、不二の心を成ぜるなり。譬《たと》えば水をもって影を取るに、清《しょう》と静《じょう》と相資《あいたす》けて成就するがごとしとなり。（聖典二九二頁）

「かくのごときの菩薩は、奢摩他・毘婆舎那、広略修行成就して、柔軟心なり」とは、世親の『浄土論』の言葉ですが、これを曇鸞は、どのように受け取られているかといえば、「柔軟心とは、謂わく広略の止観、相順し修行して、不二の心を成ぜるなり。譬えば水をもって影を取るに、清と静と相資けて成就するがごとしとなり」と、こう言われています。そこに「止観」という言葉があります。この言葉から少し考えてみたいと思います。

例えば、いろんな辞典がありますが、多屋頼俊他編『仏教学辞典』の「止観」の項目には、「止は梵語シャマタ（奢摩他）、観は梵語ヴィパシュヤナー（毘鉢舎那）の訳で、もろもろのおもいを止めて心を一つの対象にそそぎ（止）、それによって正しい智慧を起こして対象を観る（観）ことをいう」（同書、一八三頁）と説明されています。

かなり前になりますが、禅宗の柳田聖山さんからうかがったのですが、「観」と「看」は似ているが、「観」は、「見える」で、「看」は「見ている」で、この二つは違うのだと。大変興味深く思ったのですが、どのように違うかというと、見ているという時には、必ず見ている私がいるのですね。そして、そこに私がいて、私の考えや思いで色づけしてしまう。見ている時には、見ている私が必ず居るわけですから、ものそのものをそのままには見ることができない。私の思いの中に取り込んで、私に思われたものに変えてしまう。それに対して、「観」は、見えるのだと。私がそこにいなくて、むしろ、ものがありのままに見えると。難しい言葉でいいますと、西田哲学では、「もの来って、我を照らす」といいます。世界そのものがぶっ通しにありのままに見えてくると。

二　ありのままに見る

私は、哲学をしています。「先生、哲学って何をやるのですか」と学生から聞かれるのですが、幾つか定義があります。その中で、哲学とは、考えることを考えることである、つまり思考の思考という定義があります。それに対して、他の学問、経済学、心理学、物理学等には、例えば、日本の経済とは、人間の心の働きとはという具合に、それぞれ対象があります。しかし、哲学はそのように考えるということ自体を考える学問なのです。

なぜ、そんなことをしなければならないのか。我々は普段、ものを考えますが、それは理性を持った人間の特権であり、すばらしいものであると一応、考えますが、しかし逆に全面的にすばらしいと言い切れない大変な問題があるのです。

そうした、ものを考える力によって、あらゆるものを自分の思いによって色づけして、そのもののままには受け止められなくなる。つまり「観」にならない。いつも自分を中心にすべてを見てしまう。思ってしまう。これが、人間の考えるという力の一面であり、困った大問題となってくる面なのです。もし、そういうことに気がつかなかったなら、ものを見たり考えたりする事によって、我々は、厳しく言いますと、生涯何ものにも出会えなかった、本当には、あらゆるものを私の思いで色づけしてしまって、何一つありのままの、隣人、他者、目の前の家族も見ることができなかった。目の前に広がっている木を中心とした自然の世界もありのままには見えなかった。そして、一番困るのは、ありのままの自分自身にも出会えなかったということが起こってくるのですね。

そういう意味からすると、実は、何ものにも生涯通して出会えなかったという問題が、思ったり考えたりする人間の問題としてある、ということなのです。

「観」というのは、ありのままが見えてくるということですが、そのように「観」が成就するには、見ている自分が否定されなくてはなりません。この問題について、内山興正という『正法眼蔵』をご研究されている曹洞禅の先生が次のように述べておられます。

ある時、沢木老師が提唱の時、「仏法は無量無辺。おまえの物足りようの思いを物足りさすものであろうわけがない」と言われました。(1)

沢木老師とは、この内山先生の先生です。仏法とは、思いのままに、自分の思いを中心に生きていこうとしている自分の思いを、満足さすようなものではないのだといわれました、と。

この時、それこそ私は天地がひっくり返った思いをしました。今までは何とか自分を良くしよう、良くしよう、何とか悟りを開きたい、開きたいと大騒ぎしていたわけでしたが、じつはそんな自分さえもじつは自分の思枠には入りきれない、天地一杯の大自然からのものだったということが分かったのです。普通には「おもわく」を「思惑」という字に当てていますが、以来私は、思枠という字をあてる方が妥当だと思うようになりました(2)。

これは面白い内山先生の言い方ですね。「思枠」という言い方をされています。思惑というのは、煩悩という意味ですね。だから仏教の基本的な理解では、やはり、私たちが思ったり考えたりするという思惑は、実は、私の思いの枠に取り込んでしまって、私に思われたものにしてしまっていることであります。それはある意味で一番大きな煩悩の基礎と言いますか、やっかいな、人間の陥りがちな問題です。しかし、人間は、例外なくそういう思枠の中で生きている。そして、しかも何もそのことに気が付かない。自分でこうだと思っていることを、ありのままの姿だと思い込んでしまう。これが、人間にとって一番やっかいなことですね。思枠のうちに、あらゆるものを取り込んで、何かを知っている気持ちになる病気のことを、知るという言葉に、病だれをつけて「痴」というわけです。

これは、必ず人間が陥っている病気です。他の動物と違って、我々は、物を考えて生きていますから。

現実の世界は、我々の思い通りにはいかない。いかないときにどうするか。自分の病気に気がつかないで、自分を否定しないで、現実の世界に対して怒るわけですね。いかりです。自分に向かって反省しないで、外に向かう。それから相変わらず、自分を中心に自己執着を深めていく。むさぼり。貪・瞋・痴。三毒といいますね。これが我々人間に付きまとう三大煩悩です。むさぼり、いかり、ぐちです。「痴」に「愚か」で愚痴です。

しかし、その三毒の根本的な基礎である煩悩は何処にあるかというと、我々が、あらゆる物事について知っていると思い込んでしまう病気に罹っている。本当は、自分の思いに色付けして見ているだけなのに、ものを知っていると思い込んでしまう。それが、いかりとむさぼりを生み出す。このこともなかなか気が付きませんから、自分を反省するのは、なかなか難しいですね。自分の痴に気が付くよりも世界に向かって愚痴ばっかり言ってしまう。これが愚かな人間の姿です。

したがいまして、話が戻りますが、「止観」の「観」は、実は、仏教では、非常に重要な意味を持ってくるわけです。つまり、私の思惑を破っていくということです。本当にものが見えてくるには、思惑が破れないと見えない。主観が破れてありのままが見えてくるということ、これが仏教の一番根本的なことになるわけです。諸々の思いに振り回されているのが人間だと思います。それが静かに静まり返って、散乱しない。これが「止」ですね。これがないと「観」が出てこない。

三　親鸞聖人と「観る」――「聞即信」の世界

「止観」というのは、浄土教だけではなくて、むしろ禅宗では、「止観」の行ですね。静かに心を落ち着けて、禅定、座禅を組み、心を一つ動かさずに修行するわけですね。だから、禅宗の場合は、はっきりとした修行ということがあり得るわけです。

では、私たちの念仏の教えでは、どうすれば、この「観」は成就するのか。本当にもののあるがままを見る目を持ち得るのか。私たちの思惑は破れるのか。

親鸞聖人は、思惑は、決して、思惑の中からは破れないとおっしゃいました。内部で努力すること、思惑の中で苦しむ事も重要ですが、思惑は思惑の中からは破れないというのは、非常に厳しい教えだと思います。

では、どうすれば破れるのか。このことを、実は、いたるところで親鸞聖人は考えられ、我々に伝えようとされています。幾つか例をあげますと、『無量寿経』下巻の成就文には、「あらゆる衆生、その名号を聞きて、信心歓喜せんこと、乃至一念せん。心を至し回向したまえり。かの国に生まれんと願ずれば、すなわち往生を得て不退転に住す」（聖典四四頁）という言葉があります。ここに「至心回向」という言葉があります。つまり、そういう本当に見える目というのは、私が手作りで、私の思惑で、どれだけ作り上げようと努力してもできなくて、仏さまの方から、いただくものであるとおっしゃられるのです。信心の一念というのは、仏さま方の至心によって、初めて成就するということを、非常に巧みに、また大胆に言われていますね。

それから、皆さんも一番なじみのある『歎異抄』ですが、木村無相という方が、とにかく第一条だけでも、暗唱しておくといいと言われていますが、そこにはこうあります。

> 弥陀の誓願不思議にたすけられまいらせて、往生をばとぐるなりと信じて念仏もうさんとおもいたつこころのおこるとき、すなわち摂取不捨の利益にあずけしめたまうなり。弥陀の本願には老少善悪のひとをえらばれず。ただ信心を要とするとしるべし。そのゆえは、罪悪深重煩悩熾盛の衆生をたすけんがための願にてまします。しかれば本願を信ぜんには、他の善も要にあらず、念仏にまさるべき善なきゆえに。悪をもおそるべからず、弥陀の本願をさまたぐるほどの悪なきがゆえにと云々。（聖典六二六頁）

恐ろしい言葉がいっぱい続いていますが、そういう思惑が破れていくということは、念仏の教えの中では、無理やり私が一生懸命起こしたくても起こるものではなく、仏さまの方から破れてくる。「破れる」ということは、そういうことが起こってくるということです。

そのことを、私たちの浄土真宗では、「聞即信」といいます。聞信、つまり聞くということが非常に重要なのです。思惑の中に閉じこもって、思いのままに生きている私に向って、仏さまはいつも、ありのままに気が付きなさいと呼びかけておられる。仏さまのその呼びかけの声が、本当に聞けたときに、私の思惑が破れる。聞けたという事は、ありのままのあらゆるものが一つの「いのち」であるような、大きな仏さまの世界に気が付くということです。それは、同時に私の心の思惑が破れていくことであり、そして、仏さまの願心によって満たされることです。

「聞即信」という場合の「聞けた」ということは、私の思惑が破れて、仏さまの心が私の心に届くことですから、この心は、仏さまの心ですね。ですから、「信心」というのは、仏さまの願いが聞けたところに恵まれてくる心です。親鸞聖人は、それを「大信心」と呼ばれました。それが本当の菩提心であり、それを「大菩提心」と表現されている親鸞聖人は、「願作仏心は、すなわちこれ度衆生心なり」（聖典二三七頁、論註の言葉）と大変なことを言われています。

四　大菩提心をいただく

ところで、親鸞聖人の師である法然上人が、浄土宗をまさに立ち上げられた時に、明恵上人が『推邪輪』を書いて、法然上人のお考えを邪見だと批判しました。その論点の第一は、菩提心がない、つまり、真剣に仏道を歩もうとする気持ちがないという点でした。しかし、法然上人は反論しないで亡くなられた。ですから、法然上人のお弟子さんの中には、この明恵上人の批判に対して反批判をする必要があったわけです。

親鸞聖人の反批判は、大変なものでした。実は、その反批判の内容をみますと、親鸞聖人の「願作仏心・度衆生心」というお考えの意味がわかるのです。

仏さまの本願は四十八ありますが、その中心をなす第十八願には「若不生者、不取正覚」ということばがあります。この「おまえが救われなければ、私も救われない」という本願が、私の思惑を破って、私に届くのです。その仏さまの心をいただいたということは、私の思惑の中で悟りを開こうとするのではありません。もっと大切な大きな仏さまの方から、救わずにはおかないよ、という呼び声が聞こえてきたのです。そして、仏になろうと願う心＝「願作仏心」が、届いたということは、その心は、仏さまの方からいただいた心、「大菩提心」です。この心は、明恵上人が言ったような、私が自分で一生懸命努力して作り上げる菩提心ではない。しかももっと大切なのは、この仏さまの本願は十方衆生が救われないと自分も救われないということです。ですから、そのくらい大切な願心が私の思惑を破って私の心に届いたということは、まさに「度衆生心」だというわけです。「度」は、救うの意味です。他の生きとし生けるものを救いたいという心、共に救われていきたいという心も同時にいただくわけです。

親鸞聖人はこのようなことを言われて、明恵上人の批判に対して反論されています。このあたりは、読んでいてドキドキするくらいのエネルギーを感じます。

五　本当に聞けたかどうか

お念仏をいただいている私たちの立場としては、こういう形で、仏さまの方から、ありのままを見る目をいただくことになります。本願の心が南無阿弥陀仏という呼び声として私の思惑に届いて、思惑が破れ、本当に聞けたことになります。しかし、本当に聞けたかどうかは、試練です。これは、なかなか難しいですね。ただ、本当に聞けたかどうかについては、一つ証拠みたいなものが出てきます。それを最後に申し上げます。

思惑が破れるとは、煩悩、愚痴の源の思惑が破れるわけです。これは、思惑がなくなるということですが、しかし、煩悩がなくなるかというと、決してそうではありません。私が思惑で生きていたということが、初めて、はっきりしてくるということなのです。

曇鸞大師は、『論註』「讃嘆門」に、

問て曰く、若し無碍光如来の光明無量にして十方国土を照したまふに、障碍する所なしと言わ

ば、此の間の衆生、何を以てか光照を蒙らざらんや、光り照さざるところあらば豈に有碍にあらずや。(3)

と述べておられます。

仏さまの働きは、十二の光として我々は味わっているわけです。なかでも、無碍光、さわりの無い仏さまの光は、いつでも何処でもどんな状況にあっても、どんなことをしていても届くのです。しかし届かない人がいるというのです。曇鸞大師は、人事《ひとごと》ではなく、自分のこととしておっしゃっていると思うのですが、この問いに対して、

答へていはく、碍は衆生に属す、光の碍にはあらず。譬えば日光、四天下に周けれども、而かも盲者は見ず、日光の周からざるにはあらざるが如し。また密雲のおほきにそそげども、而かも頑石はうるほさず、雨の沿さざるにはあらざるが如し。(4)

ここに「頑石」という言葉があります。頑固な石だと。仏さまの方から一生懸命に私の方に呼びかけて下さっているのに、聞こうともしていなかった。聞こえてきても聞いていなかった私の姿が初めてはっきりしてくる。私は頑なな存在です。目覚めよと働きかけられていても、気が付かなかった私というものが、初めてわかってくるということです。思惑が破れてきたときに、分かってくる。これ

が重要です。

これも曇鸞大師の言葉（『論註』「八番問答」）ですが、

いかんが心に在る、と。かの罪を造る人は、自らが虚妄顛倒《こもうてんどう》の見に依止《えじ》して生ず。この十念は、善知識、方便安慰《ほうべんあんに》して実相の法を聞かしむるに依って生ず。一は実、一は虚《こ》なり、あに相比《あいたくら》ぶることを得んや。たとえば千歳《せんざい》の闇室《あんしつ》に、光もしばらく至ればすなわち明朗《みょうろう》なるがごとし。闇あに室にあること千歳にして去らじと言うことを得んや。（聖典二七四頁）

ここに、「千歳の闇室」という言葉があります。まっくら闇の部屋に千年間生きてきたなあ、ということが分かる。初めてわかる。光が差し込んでこないとわからない。とにかく、ずっと仏さまの願いを受け止めず、出会わずに生きてきたことがわかるということなのです。難しく言えば、二種深信ということです。とくに、「頑石」とか、「千歳の闇室」という言葉は私の姿のことですね。光に出会ってこなかったなあ。出会っても、なお頑なに私の思惑通りに生きようとしていた自分がはっきりと見えてくるということ、これが、光に出会った証拠なのです。悪人の自覚というものですね。

皆さんは、妙好人の浅原才市という方をご存知ですね。島根県の温泉津《ゆのつ》という小さな港町ですが、今年二月に、安楽寺にお参りし、ご住職とお話をさせていただきました。有名な才市さんですが、かわいい角が頭に生えています。是非、肖像画を書かせてくださいと言われたときに、条件を一つだけ出された。私の頭に角を生やしてくださいと。これは、『歎異抄』の言葉で言えば、「罪悪深重煩悩熾盛の衆生」の自分に気付いて、そう言われたのですね。

念仏合掌していることと同時に角があるのですが、ここが微妙な関係だと思います。お念仏に出会ったら、角に気がつくのです。気が付かない角は大変ですね。「頑石」「千歳の闇室」に気が付かない自分は、天にも届く角を生やしている。それが人間かもしれません。このような角があることの自覚が生まれること。これが、悪人の自覚ですが、思惑の中で反省して、悪人でした、という自覚ではありません。

六　柔軟心とは――『聖書』の言葉から

柔軟心というのは、先程の曇鸞大師の言葉で言えば、止観が出てきた時に、やわらかい心が、生まれるわけです。だから、ありのままが観える目をいただく。中村元著『仏教語大辞典』（縮刷版）の「柔軟心」の項目には、「やさしい心の意。止と観とを等しく行じて高ぶることもなく、沈むこともなく、真理をあるがままに知る心。人生のまことのすがたのままにしたがって逆らうことのない心」とあります。つまり、やわらかい心が成就することです。やわらかい心と言うと、いろいろなことに妥協をしていく印象を受けますが、違います。実は、非常に厳しいのです。信心という言葉とほぼ同義語だと思います。だから、起こってくることをありのままに、見えるままにきちっと見るということがそこから出てくると思います。

実は、私はキリスト教についても少し勉強しています。『聖書』「ヤコブ書」第一章、第一七節—第二一節に次のようにありました。

　凡ての善き賜物と凡ての全き賜物とは、上より、もろもろの光の父より降《くだ》るなり。父は変ることなく、また回転の影もなき者なり。その造り給へる物の中にて我らを初穂《はつほ》のごとき者たらしめんとて、御旨のままに、真理の言《ことば》をもて我らを生み給へり。わが愛する兄弟よ、汝らは之を知る。さればおのおの聴くことを速《すみや》かにし、語ることを遅くし、怒《いか》ることを遅くせよ。人の怒りは神の義を行はざればなり。然れば凡ての穢《けがれ》と溢るる悪とを捨て、柔和をもて其の植ゑられたる所の、霊魂《たましひ》を救ひ得る言を受けよ。

特に後半部ですが、ここには、速やかに聴きなさい。そのためには、柔和な心が必要であると書かれています。頑固ではなく、やわらかい心、つまり思惑によって『聖書』を読んでも、私の中には入ってこない。そうではなく思惑の破れた心で聴きなさいとあるわけです。

これは真宗で言えば、二種深信だと思うのですが、思惑が破れないと神の声が速やかに聞くことができない。『聖書』も同じことを言っているわけです。

もう一つ面白いのは、聴くことは速やかにして、語ることと怒ることは遅くしなさい、と書いてある。語ることは、いったん聴いたことを思惑に取り込んで行うわけですから、人間の思惑に汚染されてしまう。ですから、語ることは、聞いた瞬間、生きた「聞」の瞬間から遠ざかることになるわけです。ですから、よほど語るとなるとじっくり、語らなければならない。それから、怒ることは、さらに遅くしなければならない。思惑の中に取り込まれた言葉は、人間の解釈を許してしまいます。そこで様々な思い違いや誤解も生じるわけでしょう。その汚染された解釈を前提にして怒るのは、聖なる言葉に対して、大変な間違いを犯すことにもなります。ここの『聖書』の部分にも、柔和ということを含めて、「聞即信」という構造が、非常によく表れていると思いました。

おわりに

今日のお話は、まず、柔軟心とは「止観」から出てくるということについて、つまり、「観」がどういう風に出てくるかを述べました。「観」とは、見ているではなく、ありのままに見えるという意味で、それが、親鸞聖人の教えの中ではどのようになっているのかをご紹介しました。それは仏さまの願心、本願名号の呼び声が、私に届くということであります。では、届いたらどうなるか。それが二種深信ということであり、我々の信心のあり方です。そして、その信心とは、柔軟心だと言ってもいいわけです。そのようなことを少しお考えいただければ、幸いです。

注

聖典については、本文中にページ数を入れた。なおルビは必要個所のみとした。

（1）内山興正『正法眼蔵現成公案を味わう』柏樹社、一九八七年、六三頁。
（2）同頁。
（3）『真宗聖教全書』一、大八木興文堂、一九六七年、二八三頁。
（4）同頁。

第三章　逆説弁証法の射程
――キェルケゴールと親鸞をめぐって――

この講演は、二〇一二年一〇月二五日に開催された真宗学会大会で行われたものである。『親鸞教学』第一〇二号に掲載された。

みなさん、こんにちは。山下です。逆説弁証法の射程という厳めしいタイトルを付けましたが、基本的には、信心の現実性というか、リアリティですね。どこにリアルな信仰というものがあるか、信心というものがあるのか、そういうことが私の一番の関心事なのです。そして、そのテーマに出来るだけ迫りたいと思っていますが、そのために先ず、ある程度骨格となるもの、前提となるものをお話しなければなりません。抽象性と具体性は、常に相補って、その効力を発揮します(1)。いろいろな具体的事例を取り上げつつ、信心の現実性をお話しすると、分かりやすいことは分かりやすいでしょう。しかし、ややもすると、その根拠がどこにあるか、あいまいになるという危険性もあります。今回は、むしろさまざまな具体的な事柄を支える、抽象的なことに重点を置いてお話しようと思っています。そのために、最も抽象性を体現している論理に依拠したいと思うのです。

そこで、論理的な「逆説弁証法」というタイトルを出したわけです。この言葉は、キェルケゴールに依拠しています。ただ、私が調べた限り、キェルケゴール自身は、「逆説弁証法」という言葉を使ってはおりません。しかし、例えば「使徒の実存は逆説的弁証法的 paradox dialektisk である」と言った表現があり、(2) 又、既に他の著者による、いくつかの著作や論文でも用いられているので、今回の話のタイトルでも用いることとしました。

次に射程ということですが、英語で言うと range ですね。逆説弁証法的な論理が、親鸞聖人のお考えになったことを領解するのに、どの程度の有効性をもっているのか、そうしたことが私の関心事でもありますので、十分なお話が出来るかどうか分かりませんが、お聞きいただきたいと思います。

一　限定は否定

まず、「限定は否定」ということについて考えてみたいと思います。これはスピノザの言葉（詳しくは「全ての限定は否定である」）でありまして、なかなか刺激的な言葉ですね。私たちの住むこの娑婆世界においては、あらゆる領域で、限定、規定が生じています。これは、具体的にいろいろ考えてみればよく分かります。皆さんは今日この講演会にやって来られて、座席を探し、適当に座られたと思います。そして、取り立てて問題も生じていません。しかし、その席に座ったということは、そこに座ったという限定をもったのです。それはまさしく「私の勝手」ですが、しかし、よくよく考えてみると、そこに座ったということは、最早、他の人がそこに座る可能性を否定したということでもあります。つまり、限定は否定なのです。別にこの場で、「私がそこに座りたかった」と言ってですね、大喧嘩になるということは、ほぼ起こらないでしょう。しかし、たとえば、沈没していく船から脱出しようとして救命ボートを出してですね、その空間をめぐって席を争うとなると、それはもう命がけですね。

ある政治的な問題について、たとえばTPPについて、Aという意見を持つなら、それはAでない（非A）意見を否定しつつ、自らの意見を確保していることになり、必然的にAと非Aは対立関係に入ります。Aが、中立的にそのような問題を考えたくないという場合でも、考えたいという立場との対立関係に入らざるを得ません。こうして、人間の現実においては、中立などという立場も許されず、至る所に対立・矛盾が生じています。そもそも、言葉を用いるということが、もう限定でしょう。だいたい神とか仏の世界というのは、無相の世界ですね。言葉を離れています。しかし、それを又、神とか仏とか言葉にしますから、問題はやっかいなことになります。『大乗起信論』で、離言真如とか依言真如とか言われるのも、ここに根拠があります。

こうして、Aという限定があるということは、非Aを否定しつつ自らの存在を維持しているということなのです。その場合、A＝Aという同一律に固執するなら、Aはどこまでも非Aと対立したままであり、相対性を免れません。絶対性は、Aが自らの限定を越えて、非Aを包み込む以外には出てこないのです。ヘーゲルという人は、こうして、矛盾を越える弁証法論理を駆使して、相対的な知の立場が、対立する知の立場を包括しつつ、絶対知（das absolute Wissen）にまで高まる体系を構築しようとしました。彼の代表作『精神現象学』においては、その際に、西洋の哲学史、さらには具体的な歴史的事件まで下敷きに置かれて、思索されています。実に壮大な思想体系が完成したのです。そうした絶対知の体系こそが、哲学の課題であり、使命であると、彼は考えたのです。対立を超えていくこと、対立する相手を包み込むことを独特な意味を込めてaufheben（止揚する）と呼んだことはよく知られています。しかし、こうした絶対知へ向かう弁証法については、ただちにフォイエルバッハやマルクス、キェルケゴールが反対を表明しました。その理由は、ヘーゲルが止揚した対立や矛盾が、いわば頭の中で処理できるもの、理性で整理できるものであって、真に現実的なものではないからです。マルクス主義では、この現実的なものが、社会的・政治的矛盾として、労働者階級と資本家階級の対立として置かれ、その止揚がどのように為されるかが問題となりました。それに対して、キェルケゴールにおいては、人間が抱えるリアルな不安や絶望、そしてその救済が問題となったのです。

二　絶対とは――神と如来と名号

スピノザの定義を応用すると絶対がそれ自体の限定をもつと、直ちに相対に堕することになります。そこで、真の絶対とは、相対を包むものでなければなりません。この論理は、キリスト教においても、仏教においても、絶対を性格づける時に、最も中心的な論理となっています。お釈迦様はこの娑婆の世界、苦しみの世界から、悟りの世界に往かれました。しかしもし、その悟りの世界というものが、限定をもつとですね、直ちにこちらの我々の世界、現実に苦しんで生きている娑婆と対立したものになってしまいます。つまり、相対に堕するのです。だから、仏教の言葉で言うと「如」とか、「法」といった世界ですが、それはどうしても、この限定を打ち破らなければならないのです。悟りの世界に往ったお釈迦様は、どうしても娑婆世界へ還ってこなければならない。

この問題は、キリスト教の場合は、どうなっているか、資料に入れておきましたキェルケゴールの『死に至る病』の中の文を読んでみます。

神と人間は、その間に無限の質的－差異の存する二つの質である。この差異を見逃すところの全ての教説は、人間的にいえば狂気であり、神的に解されれば、神の冒瀆である。異教においてはは、人間は神を人間と為した（人間－神）、キリスト教においては、神が自らを人間と為すのだ（神－人間）。しかし、この慈悲に充ちた恩寵の無限の愛の中で、神は一つの条件を出すのであり、又、彼はそうする他ないのだ。この「彼はそうする他ない」ということ、このことこそまさにキリストの悲しみなのである。彼は身を卑しめ下僕の姿をとり、人間のために苦しみ死ぬことができる。全ての者我に来たれと招き、その生涯の全ての日を、一日の全ての時を、否、生命さえ犠牲にすることが出来る——しかし躓きの可能性、彼とてそれを取り除くことは出来ないのだ。(3)

こういう文章が『死に至る病』という本の中にあります。キリスト教の神も、卑しい下僕の姿をとって、人間世界に現れざるを得ないのです。神が人となるという逆説を前にしては、人間は躓かざるを得ませんが、その躓きも予期しつつ、神は今から二〇一三年前に、この地上に出現したのです。論理的に言って、絶対である神は自己を限定できないのです。限定を破ってこちらに向かって来なければならない。そういう構造がここにきちっと書いてあるわけですね。しかも十字架に架かって死ぬという結果がここに出てきます。

真理であり、愛である神が人間世界に突入して来た。そして十字架に架かった。十字架のイメージは一つの象徴ですね。この横の我々の生きている現実の、このような時間の流れの真只中に神が垂直に突入してきたのです。そして、真理であり愛である神は人間の世界に突入してきて、人間に自分を殺させた。殺させたというのがキェルケゴールの解釈ですが。だから十字架というのは、真理である神、愛である神がこのような形で相対界に突入してきて、しかも十字架に架かったと。だから十字架上で死ぬということは、ある意味で、全知全能をもって遂行された神の目標なのです。そして、こういう形で何か途轍もないことを神が知らせたのです。何を知らせたかというと、真理である自分を十字架に架けて殺したよ、という、神を殺したと、永遠の命を殺害した、ということをきちっと神は全知全能をもって人間に知らせたわけですね。だから、永遠の生命に背反しつつ生きている人間の原罪に対して、殺しつつあるよということを、自ら自分を殺させることによって、十字架に架かることによって、知らせる。凄まじいというか、恐ろしい愛の表現ですね。

だから、クリスチャンが十字架に出遇うということは二つのことをしっかりと感得するわけでしょう。つまり真理を私は殺しながら生きている。永遠の命に背きながら生きているということをまず教えてもらうわけです。同時にそこまで神は徹底した愛であるということを教えてもらうのです。神の愛を感得するということと、真理を殺す、真理に背きつつある私というものを自覚するということが一つになっていますね。これはもちろん、伝統も違いますし、土壌も違いますから、簡単には言えませんが、やはり私たちの言う二種深信と通じるものがあると思います。宗教と出遇うということは、やはりそこに真理に背く自分を知らせてもらう。それから、それをどんな形で私に知らしめてくれたかという絶対者の愛とか慈悲というのがテーマになってくる。そういうことが、このキリスト教の神の作業というか、神の事業ですよね。神の側からの仕事が一つあった。

これは仏教ではどうなるかというと、仏陀成道時のですね、いわゆる説法躊躇―梵天勧請―初転法輪というエピソードに典型的に現れているのではないかと思います。皆さんも、よくご存知だと思いますが、長尾雅人先生の文を引用します。

こうして「法の楽しみ」をひとり味わい続けているころ、仏陀には次のような想念が生じた。「自分の悟ったところを、人々に話して聞かせることはむだである。自分の悟った法は、あまりに深く、あまりに微妙であって、愛欲に盲いた人々のよく理解するところではない。説法することは、無駄な努力であり、いや、聖なる法を、それにふさわしくない方法で取り扱うことになる。このまま沈黙を守り、直ちに涅槃に入るに如くはない」と。……これを知って梵天などの神々が驚いた。「ぜひ、説法をしていただきたい。人間としての生を受け、その生において仏陀となられたことは、きわめてまれな例なのですから。また、この機会をはずして仏陀の説法を聞きえないことは、人類にとっては最大の不幸、破滅なのですから」といって再三、説法をお願いする。このことを「梵天の勧請」という。その結果、仏陀はついに説法することへの決心を固める。(4)

まさに説法躊躇というのは、この説法というのは、たいへんな矛盾ですね。「説」という漢字には、ゴンベンが付いていますから「法」(dharma)を言葉にするわけですね。法を説くという、説法躊躇の「説法」というのは「説けない法」を「説く」という矛盾を越える行為です。こういう形で、直ちにこちらに還ってくるのです。仏様の方は、如が如来する。如の世界が限定をもって、往ったきりあるのではなく、こっちへ如来してくる。絶対が自らを否定して相対界に出現する。そうして絶対性というものを発揮するわけです。だから説法躊躇というのは説けない法を説くことに、まずもってお釈迦様は非常に躊躇されたわけです。「月を指す指」とよく言われますけれども、言葉というものは、真如法性という月を指す指でしかありません。だから、今度は言葉に執われて、誤解が蔓延することも起こり得るのです。しかし、そうした危険まで犯して、お釈迦様はこっちへ還ってこられた。そこに仏道というものが成立したのです。

　だから如来のことを way man と言います。R. Davids という学者が、如来のことを way man と訳したようです。これは非常に面白い訳ですね。これについて、武内義範先生が次のように言われています。

　　十七世紀頃までは使われていた英語で、何か県道、県にあたるようなそういうところで管理している道で、その道を傷んだりしたときに修繕したり、道の安全のために管理をしたり、道を通る人から通行税を取ったりする人がウェイマンと言われたのだそうです。リス・デヴィッツは言葉にやかましい人ですが、ウェイマンというような古い言葉をもってきて、タターガタ（如来）という言葉は、ウェイマンというのと同じように道の管理者、道を保ってゆく人間という意味で用いられ、おそらく仏陀だけでなく、仏弟子たちにもこの言葉を使ったであろうと言っています。(5)

この文章は、深く考えさせる内容を持っています。如来様とは、この道にいる人なのですね。如に往ってしまったら、最早、真実の仏様ではありません。もちろん、こちらの娑婆世界しか知らないというのも仏様ではありません。本当の如来というものが、真仏土の真仏。『教行信証』でいいますと、真仏ですが、どうも真仏にしても真土（浄土）にしても、それがどこにおられるのか、どこに存在するのかというと、道にあるのですね。昔は道のことを往還と言ったようですが、そういう往相、還相が一つになった道なんだということを、この文章からしっかりと教えてもらえます。

もう一つ武内先生の文を引用します。

ところで私が田邊先生に教えられた、非常に適切な面白い比喩があります。ある人が一生懸命に、長い間努力に努力を重ねて、仏を探し求めていた。ようやく仏の次の部屋まで到達して、さて次の仏の部屋に入ろうと思ったら、そこは留守だった。仏はずうっと向こうの、自分がもう通り過ぎてきた娑婆世界の方に、衆生済度に出てしまって、一番奥の間は留守だった。彼は仏に遭おうと思って今度は逆に、娑婆世界の方に出て行って、仏の働きに協力しつつそこで初めてほんとうの、一番奥の奥におられる仏に遇った。一番奥にゆくという（内面への）方向と、外に出てゆくという（外面への）方向が、二つ結びつかなければ、仏に遇う場を人は見出すことができない。というのは内即外、外即内としての慈悲の働きを外にしては、真の意味の絶対の働きというものはない。そういうふうに田邊先生はお考えになっておられた。これは非常に重要なことで、私もその通りだと思います。もしわれわれが相対と絶対と二つに分けておくならば、絶対は相対になってしまう。(6)

この文は、改めてコメントする必要もないぐらい、絶対の働きの場が示されています。娑婆世界が存在する限り、仏の世界は限定をもった形では成就しないのです。むしろ、仏教が仏道であるということは、この成就しないということを成就したとも言えると思います。

さて、親鸞聖人の仏道ですが、この道が名号になったと考えられます。名号については、改めて思索を深めねばなりませんが、まず、『教行信証』教巻の文を引用します。

それ真実の教を顕さば、すなはち『大無量寿経』これなり。この経の大意は、弥陀、誓を超発して、広く法蔵を開きて、凡小を哀れんで選んで功徳の宝を施することを致す。釈迦、世に出興して、道教を光闡して、群萠を拯ひ恵むに真実の利をもつてせんと欲すなり。ここをもつて如来の本願を説きて経の宗致とす、すなはち仏の名号をもつて経の体とするなり。(7)

ここで親鸞聖人は、真実の教えが『大無量寿経』であり、経の宗致が如来の本願であり、経の体が仏の名号であると述べておられます。この箇所を鈴木大拙博士は、Thus we see that main theme of this Sūtra is Nyorai's Original Player and that its substance is the Buddha-Name. と訳され、このthe Buddha-Name について、さらに註において、次のように記されています。“The Name of Amida Buddha. *Myōgō* is the cornerstone of the entire structure of Pure Land Buddhism. Since ordinary beings of this land of particulars cannot have an immediate relation to Amida's Pureland, the mediation of the Name is imperative. The Name is linked on one side with the *sahā* world and on the other with the Pure Land.”[8]

如来の胸（宗）の内にある衆生救済の根本願が、終に名号にまで具「体」化したのです。先ほどお話したキリスト教における神－人の逆説を参考にして言えば、如が言葉となったと言えます。いかなる媒介（mediation）も入り込めない真如法性の世界が、人間界の真只中に突入する道（way）として、南無阿弥陀仏となったのです。ある意味で、浄土教の根本的な構造の礎石（cornerstone）として、名号が位置づけられます。

私の勝手な考えで恐縮ですが、なぜ、南無阿弥陀仏になったのでしょうか。私は、自分の実感からしても、言葉というものは、四六時中、そこから人間が離れられないものであり、それに迷い、貪・瞋・痴の煩悩の根源となるものであります。その人間存在と、四六時中、いつも、どこでも、どんな時も（これは、十二光の無量、無辺、無碍の三光に当たりますね）、離れずにいたいという仏の願いを考えた時、御言葉になるということの必然性を感じざるを得ないのです。ただし、南無阿弥陀仏は、単に人間の言葉ではありません。むしろ人間の迷う心の根本にある言葉を打ち破る如来の言葉であり、人間に真実を開顕する言葉なのです。こうして、名号において、如来は働くのです。聖なる如来の有り様が南無阿弥陀仏であり、R・オットーの考えを参考にするなら、名号を前にして、人間は大いなる畏れと魅力（オットーの言葉では、mysterium fascinans et tremendum）を感じてきたのだと思います。もっとも、現代において、南無阿弥陀仏が、そのような聖なるものの属性を備えているかどうかは、はなはだ疑問ですが。ただ墓石に刻まれた、何か変な言葉といったものになっているとしたら、まことに残念ですね。しかし、とにかく浄土教における仏道は、何よりも南無阿弥陀仏であり、いかに時代の五濁に曇らされていても、私たちには、この仏様しかいないわけです。お名号に震撼させられる人間が一人誕生すること、それが浄土真宗の繁盛ということになります。そうでなければ、南無阿弥陀仏が南無阿弥陀仏になれないのですから。

南無阿弥陀仏が南無阿弥陀仏になれない。このことは非常に重要ですので、もう少し、話が横道にそれるかもしれませんが、お話ししておきたいと思います。キェルケゴールは、信仰の飛躍によってのみ、神は人間にとっての現実性になると、繰り返し言っております。飛躍ということは、単なる悟性的な推論によっては、神の現実性には決して到達できず、むしろ、そうした悟性を十字架につける、つまり、廃棄する決断を示す言葉です。人間は自力で神を求めても、抽象的な神観念に到達出来るだけであり、いかなる神の証明によっても、真の現実性としての神には到達できないのです。そのことは、例えば次の文などに典型的に表れています。

> 天にまします神は、全ての人に愛を差し伸べる、しかし誰一人としてそれに気がつかない。たかだか、牧師は神が愛であることを、三つの理由で証明するのが落ちである。――結局、牧師の言う三つの理由などというものは、キリスト教が現状において、力がなくなった最大の理由なのだ。それは、何もかも証明されるべきだという不遜な倒錯なのだ。真実恋をしている者で、恋の至福を三つの根本理由などで証明しようとする者など、一体いるだろうか。しかし、人が最早信仰を持っていないということが事実なのだ――ああ、人々はわずかな学問性（Videnskabelighed）の義足によって、自らを救おうとしているのだ[9]！

なかなか面白い表現ですね。この文では、神は愛であるということを三つの理由で証明する話ですが、神の存在についても、同様のことが言えます。飛躍以前には、神は現実には人間にとって実存せず、ただ抽象的な可能性に過ぎないのです。キェルケゴールはこのことを端的に次のようにも記しています。

内在的に（抽象の想像的媒介において）、神は実存しないし、現存しない。……実存する人格が信仰をもたないなら、彼にとって神は存在しないし、現存しない。[10]

同様の問題を、私は、曾我量深先生の「我如来を信ずるが故に如来在ます也[11]」という主張に見ています。この法話において、先生は、清沢満之師の影響下、如来は、信のある自己にとってのみ存在すると主張しています。『教行信証』の教行二巻を前編と位置付け、そこでは、如来ましますが故に信ずることが出来るのであって、我々は、「おとなしく信ずる、信ずべき」であるが、信巻に至っては、信あるが故に如来ましますと言わなければならないと主張しておられます。この主張は一見、曾我先生の独創のようにも見えますが、『教行信証』の信巻における「真仏弟子」の個所の、善導大師の「ただ念仏するありて光摂を蒙る[12]」という一文に充分に根拠があります。外的・客観的に如来の存在は言えるのではなく、真仏弟子の「信」が無ければ、如来も又、その働きようがなく、存在しないも同然なのです。私は、この発言は、むしろ、真の仏弟子であることが如何に重大な責任の下にあるかを示すものだと領解しております。私の勝手な言い方だと、如来が私を救うのは当然であるが、救う如来を救うのは真仏弟子の「信楽」なのであります。宗教においては、どこまでも、信ずるこの私の重みが顧慮されねばなりません。私も前半部を訳しました、キェルケゴールの代表作『キリスト教への修練』の「招き」の箇所において、イエス・キリストは「全て労する者、重荷を負う者、我に来たれ、我汝らを休ません」と叫んでおりますが、しかも「まるで救う必要のために苦悩する人々を必要とする貧窮の人であるかのように」叫んでおります。南無阿弥陀仏の呼び声を真に聞き得る人がなければ、南無阿弥陀仏が南無阿弥陀仏になれないというのは、以上のような意味で言ったのです。

三　絶対と相対の出会い（廻心・瞬間）

こうして絶対の側からの根本事業が為される訳ですが、こうした働きかけを受ける受け手は、どのようにしてその働きに与るかが次の問題になってきます。先ず、キェルケゴールの『哲学的断片』（この著作はヨハネス・クリマクスという仮名で書かれています）の文を取り上げます。資料をご覧ください。これはソクラテスが『メノン』という作品の中で、「好戦的命題」としてあげているテーマです。

人間は知っている事を求める事はあり得ない、そして同様に、知らない事を求めるということもあり得ない。なぜなら、知っている事は、実際に知っているのだからそれを求めるということはあり得ないし、また知らない事は、何を求めるべきかという事すら実際知らないのだから、それを求める事は出来ないのである。(13)

この問題を、ソクラテスは最終的に「想起」という概念、人間の中に内在的に真理はある、それを思い起こすことこそ、真理発見の道であるというふうに結論付けます。逆に言うと教師というものはほとんど意味がないというか、一人一人が目覚めるのだから、目覚めるきっかけ、機縁さえ与えたらいいのだということになります。必要なのは機縁だけだと。だから、上手いきっかけを与える仕事に、終生ソクラテスは従事します。これがソクラテスの「産婆術」です。この謙虚なソクラテスの態度というものに、キェルケゴールは終生敬意を払っています。

ところがですね、もう一つキェルケゴールが問題にするのは、この想起によって真理に至る、だから、機縁だけが必要だという立場だと、縁があったら目覚めるわけですから、その真理発見の時というのは、いつでもいい、特に取り立てて問題にはならないということになります。又、それを自分で発見するわけですから、別に決定的な真理との出遇いの瞬間というものは存在しません。それに対して、真理認識の瞬間が決定的であるということになると、一体、教師と弟子の関係はどうなるかというのが、次の思索なのです。想起でなくて瞬間が重要だ、決定的に真実と出遇う瞬間があるのだということ。ちなみに、瞬間という言葉は、ドイツ語でAugenblick、デンマーク語でØjeblikといいます。AugenもØjeも「眼」のことですから、まさしく瞬きであり、日本語の瞬間という言葉に、違和感なく通じます。これに対して、英語のmomentという言葉には、そのような含蓄はありません。そのような瞬間、真理と出会う瞬間が決定的な意味を持つということから、一体どういう結論がでるかというのが、次の問題なのです。同じく『哲学的断片』の文を引用します。

さて瞬間が決定的意義を持つべきであるとするなら（そしてこの事なしには、我々は更に先へ進んでいると思っているにも拘らず、ソクラテス的なものに後戻りする）、学ぶ者は虚偽の内にある、そう、自分自身の罪責によってその中にある——そしてそれにも拘らず彼は、彼の教師たらんとする神の愛の向って行く対象であり、そして神の憂患は、同等性を成し遂げようとする事である。同等性が成し遂げられ得なければ、双方共に理解する事が出来ないが故に、その愛は不幸なものとなり、教示は無意味なものとなる。(14)

こういう言い方で、虚偽の中にある人間に、非真理状態にある人間に神が真実を知らせる。その知らされた時は、真理のかけらも持っていない私が、全く異質なものを受取ることになるのですから、この受取りの瞬間は、決定的瞬間になるわけです。あるいは真理認識の瞬間が、決定的であるなら、逆に、真理を求める弟子は非真理そのものとして規定されなければならない、ということにもなります。それが罪であり、親鸞聖人で言えば、「罪悪深重・煩悩熾盛」の人間存在であります。又、この場合教師は救い主（神）という性格をもってきます。さらには、この場合教師は、何ら弟子を必要としないわけですから、神を動かす力は、愛ということになります。更に、この愛は根本的に不幸です。なぜなら、彼ら（＝教師と学ぶ者）は互いに全く不等であり、神が神の方から、その質的相違を乗り越えなければ、同じ場所に立てないからです。かくして、神は下僕の姿で現われねばならないのです。

こうしたことを、キェルケゴールは『哲学的断片』の中で、他の著作には見られない抽象性・論理性をもって展開しています。神が人になったという神ー人の逆説を、特にソクラテス的立場との対比の中で明らかにするのです。そして、こうした逆説の前に立つ時、人間悟性は躓かざるを得ません。否定的には躓きですが、一方で、ここにこそ、信仰の現成する条件が整うのです。キェルケゴールは、信仰については、次のように述べています。

それは悟性と逆説が瞬間において幸福にも出会う時に起こる。悟性が自分自身を取り除けて、逆説が自分自身を捧げる時に起こる。そして、このことが起こる場所でもある第三のもの（というのは、それは免職させられている悟性によってもちろん起こるのではない、又、自分を捧げる逆説によっても起こるのではない、だから何かにおいて起こらねばならないのだ）は、かの幸福な情熱であり、それに我々は名前を与えようと思う。もっとも名前が問題ではないが。我々はそれを信仰と呼ぼうと思う。(15)

キェルケゴールは、『哲学的断片』や『不安の概念』その他で、彼の「瞬間」概念の形成に努めました。瞬間は時と永遠が交わる時であり（『不安の概念』においては、瞬間は、「永遠のアトム」（Evighedens Atom）として規定されています）、また、神が受肉して、この世に来たった瞬間でもあり、又、聖霊の働きに与る瞬間、精神として生きる瞬間でもあります。この時、この瞬間は普通の空間化された時間概念とは質的に異なっており、この瞬間を生きるかどうかに、人生を「空過」（世親の『浄土論』の言葉を借りれば）してしまうかどうかがかかっているというのです。

次に、親鸞聖人における絶対と相対の遭遇（値遇）についてお話します。先ほど、名号についてお話しましたが、その名号の呼び声に、私たちはどのように出会うのかということです。『教行信証』から一文を取り上げたいと思います。

それ真実信楽を案ずるに、信楽に一念あり。「一念」は、これ信楽開発の時剋の極促を顕し、広大難思の慶心を彰すなり。(16)

「信巻」の三一問答において、本願の三心が、疑蓋無雑の一信楽に収まることが言われますが、その信楽について、ここに「信楽に一念あり」といわれます。そして、この一念は、「信楽開発の時剋の極速を顕す」といわれ、又、「広大難思の慶心を彰す」といわれます。顕と彰の使われ方が注目されますね。すなわち、正面からいえば、この一念は、私に如来廻向の信心が生まれる最も短い瞬間を顕します。「信巻」「序」の、「それ以みれば、信楽を獲得することは、如来選択の願心より発起す」の発起が、法から機へ至る方向でいわれているのに対し、ここでは、機に芽吹く信心の姿を開発という言葉で表現されています。又、それと共に、信心開発のこの瞬間に現われ出るのは、思議を超えた広大な如来廻向の慶喜の心と言われます。

ところで、この信一念が、「時剋の極促」といわれる時、それを何か客観的に計量出来る（麤なる）最短の時間と考えるのは誤解です。『論註』には、次のように言われています。

問うて曰く、幾ばくの時をか、名づけて、一念とするや。答へて曰わく、百一の生滅を「一刹那」と名づく。六十の刹那を名づけて「一念」となす。この中に「念」と云うはこの時節を取らざるなり。ただ阿弥陀仏を憶念して、もしは総相・もしは別相、所観の縁に随いて、心に他想なくして十念相続するを、名づけて「十念」とすと言うなり。(17)

これは最早時間ともいえない時間であって、「時剋の極促」という分別・反省すら入らぬ、如来廻向の信楽が生き生きと受け止められた瞬間と言えます。しかし、そこのところを、やはり言葉で表現する時には、「時剋の極促」ということになるのでしょう。私たちは、常に、反省のやり切れぬ運動の中に生きていますが、それのみに立脚して、一切を反省の網で覆い尽くせると思うのは、反省の傲慢であります。言うに言われぬ（麤に対する細）あなた（彼方）との、仏の胸（宗）との出会いの瞬間、それがここでは問題なのです。

慶心がそこに存するのは、毎田周一師の言葉を借りれば、「世界を一ならしめる直観」だからです。(18)主観の殻が破れて、一なる世界が、他ならぬこの私に映し出されているのであって、そこに深い満足感が生じるのです。ここにおいては、世界全体が（私も含めて）一つの量りなきいのち（無量寿）の現れとなります。信の一念は、このような地平を切り開くところまで、解釈されていい、あるいはされねばならないと思います。

この出会いの時の問題は非常に重要なので、もう一つテキストを取り上げましょう。

弥陀の誓願不思議にたすけられまいらせて、往生をばとぐるなりと信じて念仏もうさんとおもいたつこころのおこるとき、すなわち摂取不捨の利益にあずけしめたまうなり（『歎異抄』第一条）[19]。

ここでは特に曾我量深先生の『歎異抄聴記』を参考にします。先生は、「まずはじめの念仏を称名とすると、『おもいたつ』は即ち本願の憶念である[20]」と述べておられます。念仏とは、念仏往生の本願の憶念、憶念は称名のもとであり、はじめであります。この憶念の念仏を先生は非常に重視されておられるようです。しかしながら、「単なる憶念はない。称名を離れて憶念はない」とも言っておられます。わが胸の奥底に響いてきた、如来の「わが名を称える者を救わずにはおかない」という呼声（念仏往生の誓願）が聞こえます。その願心をしっかりわが心に保つことが憶念であり、その憶念は必ず称名念仏となるのです。「『歎異抄』では、大体憶念をつつんで称名の義として、憶念をつつまねば単なる称名は念仏というわけにはいかず、憶念をつつむから称名は念仏というのである[21]」。「名号をとなえんものをたすけんと誓わせられた、称えしめようとお誓いになったその本願の心がそのまま『念仏もうさんとおもいたつこころ』である[22]」。これらの言葉も非常に重要であり、ここに横超ということが言えます。「おもいたつこころ」は私の心ではない。私に届いた如来の心である。又、「念仏もうさん」だからまだ念仏を申さないのであって、これから申すのであるとも解釈も出来ますが、先生は、「念仏もうさんとおもいたつこころ」がすなわち念仏である、と明言されています。(23)「こころのおこるとき」、すなわち。この「とき、すなわち」が肝要でしょう。これはまさしく先に言ったキェルケゴールの瞬間概念と相通ずるものであると思います。瞬間は時のアトムではなく、永遠のアトムなのです。「衆生仏を憶念すれば、仏もまた衆生を憶念したまう」。(24)憶念はしかし、私に届いた如来の心ですから、最早仏々想念ともいえます。前にも言いましたが、この「とき」に出会うかどうかに、後生の一大事があるのです。(25)

四　宗教生活（二種深信）

さて、このようにして、回心の時があり、私たちの宗教生活、信心の生活というものが始まるわけですが、では一体、その信心の生活というものは、どういうものでしょうか。信心のリアリティ、それはどこに存するのであるか、それを次に考えてみたいと思います。「南無阿弥陀仏、南無阿弥陀仏」と頂きつつ、お念仏に生きていくという生活。たとえば村田静照和上などは、「君は、生活の中に念仏があるから駄目だ。念仏の中に生活がなければならない」(26)と非常に厳しいことを言われていますが、お念仏の生活って一体何なのかということですね。そこをちょっと考えてみたいのです。

一回的回心、『歎異抄』では一回的回心になっていますが、初めて御本願に触れて、今までの私の心ではこれはどうにもならない。そのどうにもならないということと、仏様の本願に遇うということがピタっと一つになっているところが二種深信ですね。そういう瞬間がある。一回的回心ですね。しかし、それによって安定した信仰の陸地に到着しておしまいなのではありません。貪愛瞋憎の雲霧は常にリアルに存在するのであり、信仰か絶望かという傷口は開いたままなのです。ここでも、キェルケゴールの日誌記述から、一文を引用します。

否、キリスト教的には、苦悩はこの人生における継続的な構成要素（付随するもの、det bestandigt Medtilhørende）である。もし、苦悩が消失すれば、それは目出度し目出度しではなく、本質的にキリスト教的なものの遺棄であり、全く世俗化した人間に見出される安全さに過ぎず、それは更に堕落した背教なのだ。(27)

これはキェルケゴールの晩年の日誌記述で、彼の思想も次第に厳しくなっていきます。この文の、「キリスト教的なもの」という言葉を信仰と置き換えるならば、信仰は苦悩と共に、その現実性をもつということが記されています。金子大榮先生が「榮」という自分のお名前の一文字を使って、薪と炎の関係を述べておられましたですね。つまり、「榮」と言う漢字は、上に火が二つあり、それを炎と考えましょう。一方、下には、「木」が入っています。これを薪と考えましょう。こうして、信心の炎と、煩悩の薪の関係が、この「桀」という漢字から伺われるというのです。煩悩が無くなったら、信心の炎も燃えようがありません。薪が多いほど信の炎は燃え上がる。信仰のリアリティ、信心のリアリティを考える上で、こうした逆説的な構造は、決して見失われてはならないと思います。この問題は例えば、P・ティリッヒなんかも、かなり詳しく論じています。彼の宗教論のキー・ワードは、究極的関心ということですが、しかし、究極的関心だけでは、信仰にリアリティは持続しません。その究極的関心に侵入してくる懐疑というもの、そういうものと常に媒介されて、初めてリアルな信仰があるということを、かなり詳しく述べています。今日はこの話はこれ以上はいたしませんが(28)。もう一つキェルケゴールの文章を取り上げます。

理念（Ideal）に向かう全てのステップは、後退である。というのも、前進とは、まさしく私が、理念の完成を見出すことに存するからである。――その結果、私は理念からの距離がますます増大することを自覚するのである。人は利己的に理念を愛することが出来ない。というのも、その場合前進は、私が直接的に理念により近づく場合にのみ、私を幸福にするだろうから――確かにある意味において私は、理念が余りに完全でないことを望むのであり、あるいは、その完全性について余りに知ろうとはしないのだ――理念達成がよりよく進むために。本当に理念を愛すること（その結果前進は後退となり、あるいは私がさらに一層完全にその理念の極地を見るが故に、私が前進することは、敬意から後退することを意味するのである）は、それゆえ自分自身を憎むようになることなのだ。[29]

キェルケゴールの日誌文章は、訳すのが難しく、この訳も工夫しつつ訳しましたが、分かりにくいですね。ゆっくり意味を取りつつ読んでください。ここに、「自分自身を憎むようになる」という表現があります。「憎む」というのは、原語ではhade、英語でhateです。自分を憎む。浄土真宗では、自分を憎むということは、あまり言いません。しかし、コロコロ、コロコロ変わる私のこころに愛想つかすというか、この自分のこころはどうしようもないなあと。そういう実感はお念仏の生活には必ず出てきますね。この間、『一蓮院談合録』という作品を読んでいましたら、次のような文に出会いました。[30]

我心と仲たがいして如来をたのめ。当流は我心と仲たがいして仏の慈悲ばかりをたのむべきなり。世間にて兄弟たりとも或いは近隣の人なりとも、初めより仲はたがわねども、先方の人より不実のこと度かさなれば、余儀なく仲たがいして、唯実意の人と懇意にするなり。我心も始めよりは見捨てねども、思い定めても定まらず、喜びても喜びの心もつづかず、潔き心と喜びしあとよりも雲霧がかかりて、いかにもたのみがいなき我心なれば、もはやこれきり我が心に仲たがいして、唯如来の御真実のみをたのみまいらするようになるなり。

江戸時代の人の言葉ですが、何か訴えるものがあります。自分の心と仲たがいするということを、キェルケゴールは自分を憎むと言っているのですね。ここには、伝統、土壌の違いというものがあるようですが、しかし、私にとっては、こうした表現は、宗教性の一面を非常に的確に表現しているのではないかと思われます。

理念あるいはこの上ない理想に向かう時、その前進の一歩一歩において、私は一歩一歩後退せざるを得ません。理想を実現しようという情熱が強ければ強いほど、出来ない自分に気づくことになるのです。ますます理想から遠のく自分が実感されます。理念を愛するとは、「どんなもんだ、この私は、俺は」といった、利己的な人間のあり方からは決して出てこないのです。前進が後退していかざるを得ないというところに宗教的実存の道行というものがあるのです。キェルケゴールの『死に至る病』の構造も、まさしくこういった逆説的弁証法が、その動力になっています。信仰の前進、深化が、絶望の深化と切り離せないのです。親鸞聖人においてこれはどうなっているのか、ここでも曽我先生の見解を参考にさせていただきます。

決して信の一念の立場にたってしまって、信心をえたからわれわれは現在は後念相続にたつものであると考うべきものではないと信ずるものであります(31)。

これは『歎異抄』第九条においてのお話の中で出てくる言葉です。ここで、一念帰命に立ち返り、安心の歴史的背景を明らかにされますが、一念の立場と後念の立場は二つあるわけではないと、先生は言われます。ここは『歎異抄』を離れてもっと根本的な人間意識の根本構造から吟味してよいところですね。意識は直接的なままに留まることができない。すぐに第一の自己が持っていた意識内容を反省する第二の意識が生まれ、しかもこの第二の意識が現れた途端、第一の意識内容は色褪せてしまいます。ヘーゲルが『精神現象学』の「序論」において、意識の経験として述べているところです。これを参考にして考えてみますと、信の一念というけれども、意識の反省が加わる、これは仕方ないことですが、そうすると最早一念でなくなる。そういう一念を固定しておいて、それが後念となるということは、土台無理な話なのです。一念、それは二種深信でありますが、その一念が「念仏まうしさうらえども」の「ども」の打撃を受けつつ、さらに最初の一念を受取り直すという道行が浄土真宗の信心の行者というものでしょう。「信の一念の立場にたってしまって」、念仏者になったような気分でいる人は、それ自体自己欺瞞となります。機の深信とは、このやり切れない意識の不安定さに基づいていると思われます。「一念に連続して乃至があるので、一念とひきはなれて乃至があるのではない。一念をはなれて一生涯があるのではない(32)」とも先生は言っておられます。これは単に浄土真宗だけではなく、およそ真の宗教の根本構造と言えないでしょうか。木村無相さんの有名な歌ですが、信者になったらおしまいだ、信者になれぬそのままで、南無阿弥陀仏、南無阿弥陀仏ですね。

それから、曽我先生の言葉をさらにいただきたいと思いますが、「信の一念をとおして至心信楽欲生我国の如来の招喚の声にかえる」[33]。信の一念とは二種深信ですが、そこで救われ難い自分のすがたをしっかりと受け止めて、同時にそのような私を救い取ろうとする如来の悲痛な呼び声をひしひしと聞いているのです。しかし、先にも言ったようにこの一念はすぐに色褪せるわけですね。それが人間です。しかもだからこそ、如来の本願も建立された。「ども」というのがどうしても挟まってくるけれども、この「ども」をバネにというか、ティリッヒ的に言うと、in spite of～、「ども」「にも関わらず」、信の一念が勇気をもって取り戻される。こうして信の一念の連続が念仏者の実存であり、そこには絶えず、「如来の五劫思惟の広大無辺のみこころ」との出遇いがあるのだと。曽我先生は、「一念のほかに後念があって、その後念相続にわれわれの存在の立場をおくならば、断じて真宗の堕落であります[34]」と強く言っておられます。ある意味で非常に簡単なことですが、根本は「ありがたいなぁ」という私の実感というか、感得しかないわけですね。この実感を人に代わってやってもらうわけにもいかない。この感得を学問や思索で埋めることもできない。そういう学問をいくらしても、実感からは遠ざかって、誤解の温床となるのであって、西田幾多郎先生は宗教的事実を捏造してはならないというふうに、最晩年の論文で言っています。だからある意味で浄土真宗の信心の行者の生き方というのは、最終的には、学問もない、まったくの落第生になっていく。そういう法門というのがここにあるのではないかと思います。親鸞聖人についてお話をするというのは、ものすごく難しいですね。結局自分の、どうしようもない自分の姿を感じつつ、公衆の前で、そうしたことを確認しつつ終わっていかざる得ないところが、普通の授業とは違うところです。『歎異抄』第九条は第二条と対応しています。第二条では「ただ念仏」の「念仏」の法が掲げられたわけですが、一念帰命の境地というものを、曽我先生はしっかりとこう出されていますよね。我々は常に信の一念に立つべし。キェルケゴール的に言うと、信の一念の「受取り直し」（Gjentagelse）という概念になってきます。私はこのことを「将来」という概念と関連させて考えてきました。詳しくは申せませんが、単に未来ではなく、その未来的なものが、「将」（まさ）に、今ここにやって来ているという意味を含んでいるのが、「将来」概念です。それは、ドイツ語を使って表現しますと schon + noch nicht という構造になります。「既に」と「未だ……ない」の相即において、信心のリアリティがあると思うのです。しかし、今日はこの問題には深入りしません。

五　愛と慈悲

神や如来が、その限定を越えて、苦悩の人間世界、娑婆世界に還帰し、この世界が存続する限り、そこに留まり続けようとすることは、絶対者の必然ということでした。刻々とこの歴史的現実の真只中で、聖霊は働き続け、名号は呼び給うのです。それが愛とか慈悲とかというものです。

一方、この働きに与る信徒においても、この世界の苦悩は決して無関係では有り得ません。神の愛や如来の慈悲を感得した人間が、自分だけは苦悩を脱却したから、もう満足したということはありえないことです。では、私において成立する愛や慈悲の有り様はいかなるものであるのか、少し考えてみたいと思います。先ずキェルケゴールの『愛の業』の文を取り上げます。

　義務となることによって永遠の改造（Forandring）を受け容れた真実の愛は、決して変化しない。その愛は単純であり、ひたすら愛するのみであって決して愛する者を憎むことがない[35]。

永遠による変化、改造に出会った人間とは、キリスト教では信仰へと回心した者に他なりません。この信仰と同時に私たちは、「神は愛です」（ヨハネの手紙一、第四章第一六節）なのですから、当然その愛を深く感得します。そうすると、そこで感じられた愛は、最早人間の愛ではなく、神の愛なのです。こうして、キリスト教的愛は、その永遠の愛の様相を示します。

このような立場は、親鸞聖人の「度衆生心」の成立とほとんど同様の構造を持っているのではないかと考えられます。まず、『教行信証』の二双四重の教判のところを引用します。

　「横超」は、これすなはち願力回向の信楽、これを「願作仏心」と曰う。願作仏心は、すなはちこれ横の大菩提心なり。これを「横超の金剛心」と名づくるなり[36]。

「欲生我国」の本願をひしひしと感じた念仏者は、願力回向の菩提心、大菩提心をもつことになります。だから、明恵上人が『摧邪輪』において、念仏には菩提心なしと批判された、そのような菩提心の尺度とは、まったく質的に違った願力廻向の菩提心が、即刻恵まれるということを、親鸞聖人は高らかに宣言されているわけです。ところで、この願作仏心は、また度衆生心でもあります。それは、すぐ次に引用される『論註』の中に明らかであります。

この無上菩提心はすなはちこれ願作仏心なり。願作仏心はすなはちこれ度衆生心なり。(37)

願作仏心（大菩提心）は、如来の心の宿りであるがゆえに、それは十方衆生救済の心でもあるのです。かくしてここに、人間の地平では到底不可能であった無縁の大悲が、念仏者の心に芽吹くのです。しかしながら、芽吹くのではありますが、こういう愛や慈悲の恵みが、直ちに人間に完全に実現するわけではありません。それはあくまでも理念として感得されるのであって、一方では、却って愛の不可能性を自覚せざるを得ないのです。ここでも先ほどの、前進は後退という逆説が当てはまります。この点についても、キェルケゴールの言葉を引用したいのですが、彼は、マタイ伝第二二章第三九節「自分を愛するようにあなたの隣り人を愛せよ」に関連して、次の様に述べております。

いな、キリスト教はまさにその反対に、私たち人間から自己愛を剥奪するのだ！　自己愛とは即ち、人が自分自身を愛するということに他ならない。しかし人は隣人を、「自分を愛するように」愛さねばならぬのであるとするならば、その誡めは、あたかも合鍵を持ってするように、自己愛の錠をこじ開け、それを人間から剥奪するのである。隣人愛の誡めが、「自分を愛するように」という非常に手っ取り早いがしかも永遠の緊張力を持っている言葉によってではなくて、他の仕方で表現せられていたとするならば、その誡めは、自己愛をこのように克服することは為しえなかったであろう。(38)

いわゆる隣人愛の誡めは、実に端的に「自分を愛するように」と言っています。この部分が、決して見逃されてはなりません。では、人間は、どのように自分を愛しているのでしょうか。命懸けで守り、命懸けで愛しております。これは唯識で言えば末那識の働きともいえます。聖書の言葉は、この無条件な自己愛と同様に君の隣人を愛せよと、言っているのです。この短いイエスの言葉は、複雑で込み入った言い回しでは全くありません。しかし、この言葉は、真剣に読む者にとって、ぐさりと突き刺さってきます。そして、私たちは、決して隣人を愛せないという結論を持たざるを得なくなるのです。生きとし生けるものを愛するとは、自分の命を命懸けで守るように、命懸けで愛することでなければならない。自分を無条件に愛しているように、隣人を無条件で愛しなさいということが、いかなる弁解の余地もなく、いかなる隠れ蓑もなく、この誡めに含まれております。また、この誡めは、我々が普通「自分を愛する」という時のその愛が真実の愛でないことをも示しています。というのも、ひたすら自己保存のために生きている自己愛は、他を愛せない愛であることが白日の下に曝されるからです。これと深い関連をもつ一文も引用しておきます。

君が何一つ為しえず、又何一つ為しえないということを知るのでなければ、全能者は君の、或いは人間の同労者となることは出来ず、これに反して、もし君が彼を同労者として持つならば、君は全てのことを為し得るからである。(39)

神が君と共に働くためには、君が何一つ為しえず、為しえないということを知らなければ不可能なのだということです。しかし、一旦それが実現して、神が君と共に働くなら、君は全てのことを為し得るというのです。このあたりも、私は意外に『歎異抄』第四条の立場と共通したところに入っているのではないかと思っています。第四条には次のようにあります。

慈悲に聖道・浄土のかわりめあり。聖道の慈悲というは、ものをあはれみ、かなしみ、はぐくむなり。しかれども、おもうがごとくたすけとぐること、きはめてありがたし。浄土の慈悲というは、念仏して、いそぎ仏になりて、大慈大悲心をもって、おもうがごとく衆生を利益するをいうべきなり。今生に、いかに、いとおし不便とおもうとも、存知のごとくたすけがたければ、この慈悲始終なし。しかれば、念仏申すのみぞ、すえとうりたる大慈悲心にてそうろうべきと云々。(40)

人間の自己愛の払拭されない自力の慈悲は、いかにものをあはれみ、かなしみ、はぐくもうとしても、その実現は極めてありがたいのです。曾我先生は、「思うとおりとは、一場の夢にすぎぬ[41]」と強調しておられます。助けたと思っても、それがあだになると言われます。では、何もしないのがいいのか。「しないでいっそうだめである」とも言われます。進退ここにきわまるのです。そこにお念仏がある。「ただ念仏して」「いそぎ仏になる」ことこそ、残された道である。ただ念仏して、浄土に往生して、まず自分が仏になり、その上で大慈大悲をもって一切衆生を助けることができる。なぜそうなるのか。それは南無阿弥陀仏の中に、因位の万行、果地の万徳が回向されてあるからです。曾我先生は、「大慈大悲心をもって、おもうがごとく」の「おもうがごとく」は、仏の思うがごとくであり、前の「おもうがごとく」は自分の我慢我情であるとされます[42]。前のは、自分勝手に思うことであり、後のは、「思わざるを得ずして思う」ことです。ただ念仏を申すこと一つが、末通った、永遠に変わらない大慈悲心であり、これこそは、如来回向の大慈悲心なのです。「還相廻向は遠い後のことのようであるが、還相廻向の精神がそのまま現在に響いてき、輝いてくる。それが自信教人信である[43]」。

最後にこの還相回向の問題を巡って、私なりの見解を述べておきたいと思います。本当は、この問題は、さまざまに議論されていることを整理しつつ、別の機会にもっと思索を深めてお話したいのですが、かといって、思索をどの程度深められるかも分からないのです。そこで、今考えていることを率直に述べさせていただいて、いろいろ御批判を頂きつつ、これからの課題としたいのです。

無条件、無縁の愛とか慈悲心が、信仰とか信心とともに恵まれることに疑問の余地はありません。それは死後のことではなくて、現実の状況の真只中においてでしょう。隣人の苦悩に無関心でおられるような信仰、信心というのは、これは真の信仰、信心とは言えません。また親鸞聖人ほど、この隣人愛を深く感得された人はいないと思います。それは、かの三部経を千部読誦されようと思い立たれた心を推察するだけで十分であります。「思わざるを得ずして思う」というかたちで、還相回向は最早念仏者において始まるのです。ある社会の問題、差別とか戦争などですね。一念仏者として、これは反対しなければと思って反対の意志を表明したり、行動したりすることを、私は、「外道の相善」として否定できるとは思いません。この意志にも、如来のはたらきが隠されていると考えています。そもそも信心主体を知情意のいずれかに分散して考えることなど不可能です。信心主体というのは、全人格的なものであるということは、ティリッヒなんかが非常に力説しているところですよね。だから還相回向の主体はあくまでも如来でありますが、如来の本願を感得する念仏者が、信心とはこういうものだと限定して、人間社会との関わりを否定するならば、信心自体が相対的なものに堕するのではないでしょうか。

ただもちろん、こうした行為が、却って人を苦しめることも起こり得ます。実に、私の行為は末通らないものです。しかし、末通らないということを教えてくれるのも念仏でしょう。私は静岡に行ってもう四十年近くなりますが、静岡の寺で、梶大介さんの話をお聞きしたことがあります。その時の状態は、もうご病気（肺の病気）がかなりひどく、「よいしょ！ よいしょ！」と、自分で掛け声をかけながら、大変な状態の中で話をされました。自分の行動について、「すぐに仏様に首根っこを掴まれるんです」と言われていました。これは、著書『生きさらなければ真実は見えてこない』を読むと、そうした例がたくさん出てきます。

私は、念仏者と具体的な社会との関わりについて、『歎異抄』で言えば、「かわりめ」の弁証法が妥当するのではないかと考えています。「慈悲に聖道・浄土のかわりめあり」の「かわりめ」についても、私も『歎異抄』とは長い付き合いですけれども、なかなかしっかりと言及しておられる先生はいないですね。だいたいが、聖道門と浄土門の慈悲は違ったものである、と片付けています。その中で、例えば廣瀬杲先生なんかは、かなりここに注目しておられます(44)。「かわりめ」。転換していくのです。そんな簡単に聖道門はおかしい、浄土門がすばらしいだけで終わったら、ここのダイナミズムというのはとらえられないのではないかと思います。だから、転換する動きというものを「かわりめ」の弁証法というように私は呼んで、その動きを捉えたいのです。

われわれの愛とか慈悲は、決して末通ったものではない。しかし、他人の苦悩にCom-passion、苦を共にするということは、これはお念仏をいただく人間として必然です。この苦をどうにかしようと努力しつつ、しかし末通らない。進退窮まるところに、お念仏をいただく。この構造が転換しつつ、持続するのが念仏の行者の生活ではないかというふうに思っています。そう思ってもいますし、又少しは現実社会の問題に関わってきましたから、そう思うのです。

最後に、キェルケゴールの文を引いて終わりにしたいと思います。

神と人間の間の関係は全く単純である。人間は、神が彼に啓示、徴などを与えることを要求してはならない。否、人間は自己自身であるために率直さ（frimodighed = frankness, openness）をもたねばならない、もし持ち得ないなら、この率直さについて祈ることから始めねばならない。率直さはこの自己が（dette Selv）重要であるということを考慮して言われるのではなく、神の愛が無限であることを考慮して言われるのである。……かくして人間は次のように振舞う。もし彼が責任をもって、物事をどうすべきかはっきりする場合には——当然、それは罪深く不信心なものであってはならないが——彼はそれを為す、彼は神が啓示によって介入し彼にそれが愚かだから止めよということなど待ちはしない。否、人間は進んでそれを為す。しかし、彼がそれを為している間、彼は神に呼びかけ言うのである、このように私は問題に取り組んでいます。私が完全に間違った形でそれをしているかもしれません。又、多くの不快な諸結果を持つかもしれません。しかし、現在これ以上のことを知らないのです。又私は自分が、為されねばならないことを回避しようとしていないことをしっかりと知っています。したがって私はそれを今、しています。しかし私はあなたに告げ、あなたに呼びかけます、なぜなら、あなたは実際私の父であるからであり、私が理解できないところの愛であり給うからです。私が私の手から私の行為を抜け出させる時、私は無条件の服従において、あなたに行為と私を委ねます。どうか御心のままになさってください。このように、最も愚かな行為でさえ結局は善になるということを私は確信しています。おお、人間がこの援助をもつということは何たることか、そしてこの援助こそ全き愛なのだ！(45)

ここには率直さということが言われております。私が一生懸命に善行為を為そうとすることは非常に重要であり、そこには率直さが存します。しかし、この率直さは、自分を重視しているのではなく、無限の神の愛を感じることから出てくるのです。行為は、間違ったり、愚かな結果に終るかもしれません。しかし、その際に、常に私は神と語らうのです。そして、全力を尽くし、後は無条件に父たる神に委ねるのです。この常に語らい得ることこそ、神の援助（Assistence）であり、この援助こそが神の全き（idel）愛である、とキェルケゴールは述べています。英語でいうassistanceという言葉は、援助、支援、力添え、手伝いといった意味ですが、語源的には、「傍らに立つ」という意味だそうです。子供の傍に立つジョルジュ・ルオーのキリスト像がありますが、私は、南無阿弥陀仏も、常に私に寄り添い、招喚の呼び声を発し続けておられるのだと思います。

最初にも述べましたが、信心のリアリティという話を、今回はある意味で抽象的・論理的にお話ししました。いろいろ真宗学のご専門の先生方から見れば、おかしい点などあるかと思いますが、ご叱正いただければと思います。ご清聴ありがとうございました。

注

（1）抽象性と具体性のバランスの重要性を、私はキェルケゴールから学んだ。例えば、『哲学的断片』という著作は、非常に抽象的、論理的に展開しているが、『哲学的断片への結びの学問外れな後書』はその骨格を背景にして、さまざまな具体例を持ち出している。そこには見事な抽象性と具体性の呼応が見られる。

（2）例えば、『哲学的断片への結びの学問外れな後書』（S. V. 3udg. Bd. 10, S. 121）参照。

（3）S. V. 3udg. Bd. 15, S. 175.

（4）長尾雅人責任編集『大乗仏典』（世界の名著2）、中央公論社、一九七八年、一七頁。

（5）『武内義範著作集』第二巻、法蔵館、一九九九年、二二六頁。

（6）同、二二八頁。

（7）『教行信証』教巻、『真宗聖典』一五二頁。

（8）私は一九七三年、真宗大谷派刊行のものを用いた。すなわち *The Kyōgyōshinshō*, translated by Daisez Teitaro Suzuki, Shinshū Otaniha, 1973. P. 9 and note 39.

（9）P. VIII^{1} A 327.

（10）P. VII^{1} A 139.

(11) 曾我量深『曾我量深選集』第一二巻、弥生書房、一九七七年、一四三頁以下。
(12)『真宗聖典』二四八頁。
(13) S. V. 3udg. Bd. 6, S. 15.
(14) Ibid., S. 30.
(15) Ibid., S. 56.
(16)『真宗聖典』二三九頁。
(17)『真宗聖典』二七五頁。
(18) 毎田周一『無条件の救済』中山書房仏書林、一九九七年、一五四頁。
(19)『真宗聖典』六二六頁。
(20)『歎異抄聴記』真宗大谷派宗務所出版部、二〇〇〇年、九一―九二頁。
(21) 同、九一頁。
(22) 同、九二頁。
(23) 同頁。
(24) 同、九四頁。
(25)「後生」ということについて、私は、次のような文に出会った。「後生とは背後の生命ということを略して、後生と味わってもいいと申し上げました。私をして私たらしめた無限大の背景と条件。それを背後の生命。それは帰命無量寿如来の無量寿ということにも通じる、と申し上げました」（亀井鑛『今なぜ親鸞か』樹心社、一九九九年、二〇八頁）。仏教の基本から言って、通俗的な時間流の死後と取るより、妥当と思われる。
(26) 私はこのように領解しているが、今、その出所を忘れている。桜井鎔俊『我が師村田和上』（春秋社、一九八五年）に記載されていたと思われる。

(27) P. X^3 A 186.
(28) P. Tillich, *Dynamics of Faith*, in Main Works, Bd. 5, De Gruyter, 1988, p. 277ff.
(29) P. X^3 A 509.
(30) 私はこれを、国立国会図書館の近代デジタルライブラリーで読んだ。
(31) 『歎異抄聴記』二八一頁。
(32) 同、二八二頁。
(33) 同、二八三頁。
(34) 同、二八五頁。
(35) S. V. 3udg. Bd. 12, S. 39.
(36) 『真宗聖典』二三七頁。
(37) 同頁。
(38) S. V. 3udg. Bd. 12, S. 23.
(39) Ibid., S. 258.
(40) 『真宗聖典』六二八頁。
(41) 『歎異抄聴記』二〇七頁。
(42) 同、二一二頁。
(43) 同頁。
(44) 例えば、廣瀬杲『歎異抄講話2』法蔵館、一九八六年、二一三頁以下。
(45) P. Ⅸ A 182.

第Ⅱ部　キェルケゴールの言葉に学ぶ

第一章　宗教とは何か
――キェルケゴールの言葉に学ぶ――

この小文は、『あんじゃり』二二号、親鸞仏教センターに掲載されたものである。

二〇一三年に生誕二百年を迎えるキェルケゴールの膨大な『遺稿』は、日本では充分に読まれているとは言い難い。英訳では全六巻、六九六九の文がエントリーされているが、はたしてどれ程の人が、この林に分け入っているだろうか。キェルケゴールは、通常、実存哲学の出発点として位置づけられているが、『遺稿』が充分に読まれるなら、そうした評価は非常に一面的であることが明白となるであろう。この小文においては、いくつかの心に響くキェルケゴールの言葉を取り上げ、特に時間性との関連で、宗教とは何かを改めて考えたい。

まず、「精神」に関する一文を取り上げる。

もし人が明日死ぬと思うなら、彼は思いきり飲み食いしようと言うか、更に理念的な印象を持ってこの日を満たそうとするかである。……ある人の前に長い人生が存在するという感覚的－心的印象は、人間をして実際的に（praktisk）なるように、人生にうまく自分を適応するように等々駆り立てる。しかし精神－印象（Aands-Indtrykket）は、今日生きることである。「長いこれから」（en lang Fremtid）という範疇は、「今日」という範疇よりずっと低い範疇である。三十年、四十年といった、長いこれからは、感覚的－心的規定であり、人間が不死の精神を持っていることの何の証明にもならない。それは先を見る動物的本能に対応するものに過ぎない。「先を見る」（Forsynlighed）は感覚的－心的規定に対応するのである。（P. X^1 A 652）

精神という言葉は、翻訳の問題も含めて多くの検討が必要であるが、ここでは、すべて割愛して、若干のことを述べておきたい。聖書では、精神に関連する言葉として、ヘブライ語でルーアッハ（rûah）とネフェシュ（nepheš）という言葉が用いられている。ごく概略的に言えば、前者は霊、後者は魂と訳されている。これらのヘブライ語はギリシャ語では、プネウマ（pneuma）とプシュケー（psychē）という言葉に受け継がれる。ルーアッハの意味は、元来、風とか息といった意味であり、「創世記」第二章第七節で、「主なる神は、土（アダマ）の塵で人（アダム）を形づくり、その鼻に命の息を吹き入れられた。人はこうして生きる者となった」と言われる時の、「命の息」がそれに当たる。人間の魂は、神の霊の働きかけによって覚醒され、霊的存在（精神）へと生成するのであって、他の被造物である動物は、魂はもつが、神の霊（聖霊）の働きに応答することにできない。人間性は、単に理性的なものに存するのではなく、この神－関係の成就に存するというのが、キリスト教の立場である。

今引用した文では、霊性と時間との関連が披瀝されている。「思い切り飲み食いしよう」という言葉は、「コリントの信徒への手紙一」第一五章第三二節に依拠している。まだ人生が長いという考えから、人は人生を実利的に考え、それに自ら適応するように駆り立てられる。しかし、精神であることは、今日生きることであり、「長いこれから」ということは、これよりずっと低い範疇であるとキェルケゴールは言うのである。精神であることは、既述のように、聖霊の働きに与《あずか》って生きることである。それは時の中で永遠なるものと共に生きることである。キェルケゴールは、『哲学的断片』や『不安の概念』その他で、彼の「瞬間」（Øieblik）概念の形成に努めた。瞬間は時と永遠が交わる時であり（『不安の概念』においては、瞬間は、「永遠のアトム」として規定されている）、神が受肉して、この世に来たった瞬間でもあり、また、聖霊の働きに与る瞬間、精神として生きる瞬間でもある。この時、この瞬間は普通の空間化された時間概念とは質的に異なっている。この瞬間を生きるかどうかに、人生を「空過」（世親の『浄土論』の言葉を借りれば）してしまうかどうかがかかっている。このことは、宗教的実存が問題になるところでは、諸宗教異なることがない。イスラム教のサフル・イブン＝アブディッラーにとって、神以外のものを見ることは神以外のものに己を引き渡すことである。観想者の一生はその人が観想している時間であり、肉眼でものを見る人生は生きてはいない。バーヤズィードは、歳を聞かれて四歳と答えたという。それは、神アッラーとの呼応の瞬間がそれだけあったということである。（R・A・ニコルソン、中村廣治郎訳『イスラムの神秘主義』参照）。キェルケゴールは、その人生の最後を、デンマーク国教会との孤独な闘いの中に閉じた。その際に発行した冊子のタイトルが『瞬間』である。この世の「生」にしか価値を見いださない、それゆえ、「生」を空過している社会に向けての最後のメッセージがそこに書かれている。私は、この状況が現代社会で解決しているとは見ていない。以上のような視点から、スピリチュアルであるとはどういうことか、熟慮すべきだと思っている。

次に「自己」に関する文を二つ取り上げたい。

述語無き存在（Den prædikatløse Væren）。ヤハウェは、私はあるものである、私はあると言う（『出エジプト記』第三章第一四節参照―山下註）。これが最高の存在なのだ。けれどもこのように存在することはわれわれ人間にとってあまりにも高く、あまりにも真剣なことがらである。そのためにわれわれは何かになろうとし、また何かであることはより容易なことなのだ。……たいていの人は、あるいは少なくともほとんどの人は、彼の存在が存在することであるなら（同語反復であるが）、自分自身に対する不安で死ぬだろう。……軽減は、例えば、私は首相、デンマークのナイト、手数料を購入している装甲部隊のメンバー、市会議員、クラブの部長等の肩書きによって行われる。より深い意味では、これらすべては気晴らしなのだ。けれども、繰り返すが、人間はおそらく本当の真剣さに耐えることができない。私が激しく批判しているのは、気晴らしを真剣さにする欺瞞である。（P. XI[1] A 284）

ここには、パスカルが気晴らし（divertissement）として述べ、ハイデガーが、人間の頽落態（Verfallenheit）として分析した状況が述べられている。述語的なものに真剣さを見つけて生きることが人間には一番わかりやすく、安易である。しかし、キェルケゴールによれば、ただ存在することのみで生きることこそ真実の真剣さである。つまり、常に、瞬間ごとに、神 - 関係に生きることこそ重要なのである。神は永遠の生命であり、この生命の息吹を受けつつ生きること、そのことだけが真の生なのである。

人が決断（Afgjørelse）の本質的な印象を、可能性においてであっても経験することができるなら（そこには最早気晴らしなど無く、逃避も無く、出かけて人々に交わり徒党を組んだり、他人のようにあることによって自らを慰めたり、時間を過ごすために新たな計画を立てたりすることも無いのだ――というのは、決定的な危険は、時が過ぎ去り猶予がないということにあるのだから）、そこに正しい決断がある。もし現実に起こる人生の危機の最も決定的瞬間において、人が呼ぶことを望み得る唯一の名があるとしたら、それはキリストの御名である。彼が求めている慰めはイエス・キリストである。キリストこそ彼が一切の信頼を置くことができる唯一の見えるものであり、――ここにこそそれが正しい決断であるという証拠があるのだ。それはまた、すべての理解と思弁そして概念化することが本質的でないという証明である、なぜならこのようなことのためには充分な時間がいるからである。しかし、決定的な人生観は、最早なんらの時間も残っていない時に、満足しうる人生観であるべきである。十字架上の盗賊が彼のすべての心を一つの望みに集中させた時（キリストが彼の王国で自分のことを思うという）、――それこそが内面性の永遠の決断であり、それにはなんら理解のための長い時間など要しないのだ。所詮、この理解のための長い時間というものは、魅惑的な発明にすぎない。課題は、決断の印象を保持しつつ、時間の内でこの決断を守ることなのだ。（P. VII¹ A 138）

ここには、人生の最も危機的な時において、真剣な決断が行われると言われる。その際には、最早気晴らしや人との交わりや新たな人生の計画など、まったく入る余地が無いのである。私には、曇鸞大師の「無間心」という言葉が思い起こされる。それは、最早何事も間に合わない瞬間である。『論註』のいわゆる八番問答の中で、造罪は有後心（後ありと思う心）と有間心（雑念）によって生じるといわれ、それに対するのが、無後心、無間心である。金子大榮は、忍成寮司という僧について述べている。ある朝、托鉢中に馬に乗せられ刑場へと曳かれていく科人と出会い、その科人から、「私のような悪人でも救われるか」と聞かれる。彼は、「お念仏を称えよ、助かるやも知れん」と答える。仕置場で、その科人は、彼を遥かに見て、ありがとうございましたと繰り返し叫んだというのである。私の印象に残っている話である。二河白道の譬喩において、三定死ということが言われるが、まさしく、そこにおいて一筋の道が開けるのである。なお、十字架上の盗賊については、「ルカによる福音書」第二三章第四二節参照。

次に「神」に関する文を取り上げる。

何度も、人生を通じて日毎（hver evige Dag）、あなたは最初に私たちを愛される。私たちが朝目覚めて、あなたに思いを向ける時、――あなたは最初の御方（den Første）であり、あなたは、先ず私たちを愛される。たとえ私が夜明けに立ち上がって、祈りにおいて私の思いをあなたに向ける時でさえ、あなたは私にとってあまりにも先んじておられる（Du kommer mig i Forkjøbet.）。あなたが私をまず愛されるのだ。私がすべての散漫から私の思いを集中し、あなたを深く思う時、あなたは先ず最初の御方である。常に常にそうなのだ。しかし、私たちは恩知らずにも、あなたが私たちを愛されたのは、かつての一度だけであるかのように語る。（P. X^3 A 421）

神が、常に最初の御方であると言われている。事実が真実であるのは、仏教で言えばそれが縁起法だからである。あるいは西田哲学で言えば、絶対無の自己限定だからである。われわれが勝手な思いで、言葉で分節化しながら生きているその一歩以前に、永遠の生命（＝神）は、刻々と働いているのである。永遠の生命を無量寿と言うならば、南無が生起するのは、無量寿（阿弥陀）の働きが先行してである。如来の本願は、私の思いに先立って、もうそこに働いている。麤なる私の思いと細なる如来の働きの別を徹底的に自覚すべきである。

間接的に神と関係すること（Et Forhold til Gud paa anden Haand）は、間接的に恋愛することと同様に、不可能であり、無意味である。間接的な神－関係の愚かさは、別の面でも明らかである。神は、人間にとって最も近いもの（det Allernærmeste）、あらゆる瞬間において最も近いものであるから、間接的に神に関係しようとすることがいかに愚かなことであるか、明白である。すなわち、それは自分と自分に最も近いものの間に距離を置こうとすることであり、最も近いのにより近づこうとする態度だからである。（P. XI[1] A 464）

永遠の生命、仏教で言うなら如は、最も近いもの、否、自分を根底から支えているものである。それと距離をとることは実に愚かなことである。良寛はある詩の中で、「耐えがたし、舷に刻む者」と述べ、舟から剣を落とした男が、後で探すために舟べりに印を付けた話を取り上げ、そのような愚かな行為を戒めている。刹那に生滅する事実ありのままの世界と相応することは実に難しいのである。この相応はまた、思惑の徹底的壊滅を伴う。

> 現実的神－関係（Et virkelig Guds-Forhold）。別の箇所で言われたように、現実的な神－関係は無限の価値がある。たとえそれが一瞬間であり、人は、次の瞬間には蹴飛ばされ、打たれ、放られ、遠くへと投げられて、忘れ去られたとしても（しかし、このことは実際には不可能なのだ、というのも、神は愛であり、関係は永遠に記憶されるのであり、終わりには、人は再び神に掴まれるのだから）、――世界と人間性が提供する一切よりも、更なる無限の価値があるのだ。しかし、現実的な神－関係はまた、教授になること、結婚すること、生計を立てること、家族と生活することとはまったく無関係であり、他の誰かが、現実的な神－関係をもっていたということとも無関係である。そのことは、唯一つの道、すなわち、恐るべき苦悶と苦悩の内で突き進む道でのみ可能なのだ。（P. XI^{1} A 553）

まさしく道元禅師の修証一如の世界、今、今、今……の世界である。最も近いもの、如と一になることには、恐るべき苦悩が随伴すると言われている。いささかキェルケゴール的過ぎる表現かも知れない。しかし、禅や念仏の道にも、同様の厳しさが求められるのではないかと私には思われる。

第二章　キェルケゴールの恩寵理解

この小文は、『原典訳キェルケゴール著作全集』第一三巻（二〇一一年配本）の「付録」として、「キェルケゴーイアナ」に掲載されたものである。

大谷長博士は、『キェルケゴールに於ける授受の弁証法』において、次のように述べられている。

越えて翌年、動乱と戦闘の渦中にも彼の『キリスト教談話』は出た。この談話以前の全ての主特色がいわば懺悔であると言えるなら、この談話以後の全ての談話を縫うている一本の赤い糸は恩寵であると言う事が出来るであろう。彼自身の思想と活動の全ては、恩寵に於いてのみその終極的な平安を見出したのである。それは例えば彼の最後の瞬間＝突撃の真只中に於いて、突如として『神の変わりなき事』なる談話が、余りにも遠くに旅立った者にも、足下の恩寵の泉に安らぎ

を見出すべきである事を述べているのを見ても明らかである……。（『著作集』第一巻、一八〇頁）

この指摘からも知られるように、『キリスト教談話』以後の「談話」の主題が恩寵であることが知られるが、ここでは、数ある恩寵に関する日誌記述の中から五つの文を取り上げながら、そこに論じられているキェルケゴールの恩寵理解を若干見ておきたい。和訳と私の理解を記しておく。

一　律法と恩寵

「恩寵」と「律法」。「恩寵」は完全に間違った位置に押し戻された。我々は律法の要求を捨て去るために恩寵を使用するのだ。こんなことは無意味でもあり、非キリスト教的だ！　否、要求は存在し、同じものとして、不変に留まる、恐らくは恩寵のもとに先鋭化して。違いはまさしくこれだけである。律法の下で、私の救済は律法の要求を満たすという条件へと関連付けられるのである。恩寵の下では私は、次のような懸念（Bekymring）から解放される、すなわちその極においてて私を絶望へ齎すに違いなく、律法の要求の最小限さえ、私には全く満たす能力がないという懸念から。しかし要求は依然としてそこにあるのだ。律法の要求は、引き締め（det Strammende）である。確かに弓のつるを引き締めるように引き締めそのものは、動きを作る、しかし人は限界まで（こわれるまで）弓のつるを引き締めることができる。これこそ、まさしく律法が為すことなのだ。しかし律法の要求は壊すことではなく、付加することなのである（Ikke Lovens Fordring er dog det Sprængende, nei men det Tilføiede）。あなたの浄福は、あなたが要求を満たすことに依存しているのである。いかなる人間もこれに耐えることができない。実際、彼が真剣であればあるほど、彼の絶望も同じ瞬間に確実なのだ。そして、彼が律法を満たそうとすることさえ、完全に彼には不可能になるのである。ここに、「恩寵」がやってくる。恩寵は、当然どこに不具合があるかについて、十分に知っている。恩寵は律法を満たすことに随伴するこの懸念（それこそ律法の成就を不可能にした当のものだが）を取り去るのである。「恩寵」はこの懸念を取り去り、次のように言う「永遠の救済があなたに保証されている、ただ信じよ」と。しかし、それ以上ではないのだ。律法の要求はほんの少しも軽減されない。今や君はこのことを正確に理解し始めるだろう。しかし、君の魂には安らぎと平和が存在するだろう。なぜなら、君が信じさえすれば、永遠の救済が保証されるのだから。我々は人間的同情によってそれをめちゃくちゃにすることによってキリスト教の全てを台無しにしたように、「恩寵」を台無しにしてしまった。今や我々は、この愚かで愚鈍な「恩寵」概念を持っており、我々の主は起こっていることが何であるかを知らないよぼよぼの老人にされてしまった。（P. X^2 A 239）

恩寵と律法の徹底した弁証法的関係は、キェルケゴールが常に説くところである。律法の要求はむしろ、恩寵のもとに先鋭化して不変であり、又既存のキリスト教界が教えるごとく、恩寵のもとに単に和らげられていいものではない。律法の要求は引き締めであり、弓のつるがぎりぎりまで引き締められるように、引き締められねばならない。しかし、その目的は壊すことではなく、真に「恩寵」が到来するためである。この文章には、辻褄の合った点まで、文字で説明できるような事態は明らかにされていない。一人一人が、この弁証法が齎す矛盾を生きる以外にはないような地点を示してくれるだけである。例えば、浄土教において、二河白道が問題となった時、白道を墨で塗りつぶした先達がいたという。恩寵があると安んずれば、最早恩寵の現実性が失われるような、きわどい信仰の世界が示されているのである。

二　計らいと一途さ

自分自身を甘やかし、労を惜しみながら生きることが許され、かくして安易な生活を送ることが許され、――さてそれから人は恩寵によって救われると信じること、これが人間のチエである。しかし、それはキリスト教ではない。キリスト教は次のようなものである。人が、人間的に言って、一人の人間を不幸にするものが実にキリスト教であるということを経験しなければならない時、又、その結果人が頑張り通したことに対して手柄を要求するよう誘惑された時、――その時、自らの罪において、無限に神の前に自らを賤しくし、ただただ人が救われるのは恩寵によるのだということを理解すること、それがキリスト教なのだ。(P. X^3 A 269)

安易な生活を送りつつ、人は恩寵によって救われるのだと信じること、それは人間的なチエに過ぎない。真のキリスト教とは、人間的な尺度からすれば、実に人間を不幸にするものである。その際、その不幸の内で自ら努力した結果、何らかの見返りを要求したくなった時、そうした見返りなどいささかも考えず、罪の意識をもってひたすら無限に神の前に身を低くし、自分の救済は恩寵によるのだと理解すること、それが真のキリスト者である。

三　恩寵の受取り直し

恩寵は律法の要求をより厳格にする。……恩寵が私に示され、私が刑の執行を猶予されるというまさにその事の内に、それだから一層、要求が私にのしかかるということが起こるのである。……もし私が生きることになるなら、新しい努力がなければならない。私が過去の間恩寵を受けたことを考慮すれば、これはなおさら純粋であるべきである。しかし、直ちに又、この努力は恩寵を必要とする。さらに恩寵を必要とするのだ。——なぜなら、それは非常に不完全なのだから。かくして努力は増大するのだ。これは何を意味するのだろうか？　それは二つの道があることを意味している。すなわち、人が自分の努力によって完全さに到達していると信じるのか、あるいは、いかに自分が恩寵を必要としているかを、一層深く理解するかの二つである。もし私がキリスト者の完全性を定義するなら、私は完全性とは努力の完全性であるというべきではなく、特に言うべきは、完全性とは自己の努力の不完全性の深い認知であるというべきである。まさしくこの恩寵を必要とする深い意識の故に、あれこれに対する恩寵ではなく、無限に恩寵を必要としているということである。……神はキリストにおいて自らを啓示した——しかり、それは神が為しえた究極のことであった。そしてそれ故にこそ、それはある意味で、余りにも安易に受け取られることとなった。しかしながら、まさにその背後に永遠の戦慄すべき真剣さを待機させているのである。正真正銘のキリスト教的命題は人間は何一つ為し得ない（et Menneske formaaer slet Intet）ということである。——このことはしかし、一切の努力の停止のためのキリスト教の合言葉（Løsen）になったのではないか！　……全ての世俗性が、自らのものとしたのは、まさに「人は何一つ為し得ない」というこの命題である。彼はまさに恩寵によって救われるのである。——我々は、魂の救済について煩うことなどで、一秒も時間を浪費などしないようにしよう。人は何一つ為し得ないのだから、それ以上のいいやり方などないのだ。又、我々は恩寵によって救われるのだから、そんなことは不必要なのだ。かくして彼ら（現代のキリスト者）は、この福音書を書き換えたのだ。……神がキリストにおいて愛の神になった時に、彼は又（敢えて私は言うのだが）これまでになく紳士的になったのである。旧約聖書においては、自らの御業をもっと配慮していたかのようである。そう、敢えて言うなら、彼は自らの御業について人間と競い、自らの権利を主張したのだ。それから彼は一切をしようと決断した。――そして今や、彼は無限に優しくなったのである。殆ど彼は人間を招く時に人間たちを騙すべく招いているようである。恐るべき真剣さ！……全てを為すことは、それゆえ、最も決定的な分離（discrimen）、恐るべきこれか－あれかである。神がキリストを世に送った時、彼は無限に一切を為した。彼は種を救った、一切の単独者を救った――そう、さもなければ彼はそれを永遠に諦めただろう、全ての単独者を。キリストにおいて、神は極点に齎された、そう、無限の、無限の愛、無限の慈愛へと――あるいは、同程度に厳格さへと、それは恐るべき厳格さなので、当分彼は君にそれを気づかせることもないほどなのだ。怒りが沈黙となり、実際それが頂点にある時の様に。最大限と言うことは、常に最も恐ろしいのだ。最大の優しささえ、常にこの恐ろしい質をもっているのである。これ以上の極点はない。（P. X^3 A 784）

ここでは恩寵が律法をより厳格にすると言われている。恩寵を真剣に受取る時（ちなみにキェルケゴールは、恩寵について Jeg fik Naade と faa（= have, receive, get）という単語を使っている）、私はより純粋な努力へと入っていく。しかし、この努力が純粋であればあるほど、その不完全さを自覚せざるを得ず、更に恩寵を必要とするのであり、そこに恩寵の受取りの深まりが存するのである。キェルケゴールは、キリスト者の完全性とは、自らの不完全性の認知にあると述べており、こうなると、個別な事柄への恩寵ではなく、自らの存在そのものへの無限の恩寵が問題となる。かくして、恩寵の背後には、正真正銘のキリスト教的命題、すなわち、人間は何一つ為し得ないということが置かれているのである。――しかるに、この何一つ為し得ないという命題は、限りなく安易に受け取られ、既存のキリスト教界の堕落へとつながったのである。神がキリストを世に送った時、彼は無限に一切を為した。為し得ない人間に代わって、一切を為し、神の愛は極点にまで齎されたのである。しかし、我々はその背後にある、恐るべき厳格さ、真剣さを忘れてはならない。

四　恩寵と福音

キリスト教は福音である。――しかし、しかし、にも拘らずキリストは、自らが律法を廃棄するべくやってきたのではなく、それを成就するために、もっと厳格にするために、やってきたと述べる。（山上の垂訓においてのように）。このことが無視されると、福音と恩寵は虚しくなる。その後宗教改革がやってきた。改革は律法と対比して「恩寵」を確認した（律法と全く違ったものとして）。……しかし、ここでルターは恐らく十分に注意深くなかった。基準はこうである、恩寵のより高い段階にとって、律法はまた内面性においてもっと厳格にされねばならない。――さもなければ、全世俗性が突進してきて、「恩寵」を虚しくするのである。このことが、正しく宗教改革で起こったことなのだ。（P. X^4 A 230）

宗教改革に関する、興味深いキェルケゴールの一文である。それは律法としてのキリスト教への反動であるが、この反動において、ルターは少し軽率であったと述べている。このルター理解が正しいかどうかは問題である。おそらく、当時のデンマークの神学状況も考慮して考えなければならない。――ここでも、繰り返しキェルケゴールは、律法と恩寵の弁証法的な関係について力説している。

五　無限の要求と恩寵

「恩寵」。我々は皆、恩寵によって救われる。素晴らしい！　しかし、神が無限に慈悲深い（naadig）からといって、ああ、それは神的恩寵としてのみ無限に慈悲深いのだ――なおも神が欲する一事があるのではないか。そう、事態の性質からして、次のことが要求されねばならない。

すなわち、少なくとも恩寵に預かる人は、どれぐらい大きな要求があるのかという真性の概念をもつべきなのだ。しかし、キリスト教の公式宣言が、いかに無限の要求がキリスト者に対してあるかということを隠蔽しているということは容易に示されうる（キリストに倣い、世間を捨て、世間に死に、そしてその結果この教えのために苦しまねばならないということ——しかしながら、公的説教はせいぜい、「恩寵」を社会的倫理の場面に持ち込み、あたかもその倫理が、要求と近似的であるかのように宣教している）。しかしながら、人が要求の重大性の真性の概念を持たないなら、その人は恩寵の重大性に関する真性の概念も持ち得ないのである。——その人はまさしく恩寵を無駄なものとして（forfængelig）しまう。彼がそれで恩寵に救われるのか？　文面は「全ては信仰によって救われる」と読めるけれども、一つの例外がないとも限らないのである。——それは恩寵を虚しくする人である。——金持ちが彼の全ての使用人を養うと言われる場合、彼は又、食物に手を触れなかった人も、あるいは食べなかった人も養ったと言えるだろうか。（P. XI^2 A 284）

ここにも、キリスト教の真の要求が、恩寵によって無くなるのではなく、むしろ、その重大性が増すということが繰り返されている。要求の重大性を知らない者は、結局恩寵を無駄なものとしてしまうのである。

第三章　「肉の内なる刺」について

この論考は、静岡大学哲学会研究紀要『文化と哲学』第一九号（二〇〇二年）に掲載されたものである。

まえがき

「肉の内なる刺」という言葉は、聖書の「コリント人への第二の手紙」第一二章第七節にある言葉である。そこには、「我は我が蒙りたる黙示の鴻大なるによりて高ぶることの莫らんために肉体に一つの刺を与えらる、即ち高ぶることの莫らんために我を撃つサタンの使なり」と記されている。この箇所について、ある辞典には次のように説明されている。「パウロはあるやっかいな病気に取り憑かれていた。彼の考えによれば、それは特異な体験のゆえに高慢ちきになることのないよう、からだに食いこんだとげであり、サタンの使いである。もちろん、サタンは、打つだけである。打たれて身を低くさせるのは神の恵みである。神はサタンのわざを用いたまう。この病気が、なんであったか、諸説がある。サタンに関係させているところを見れば、はげしい発作をともなう神経系のものではなかっただろうか」(1)。この「肉の内なる刺」という表現でパウロが述べようとしている具体的な病名については諸説があり、我々もそれを断定できない。この論考では、具体的な病名探索をするのが目的ではなく、こうした表現でいわれている否定的なものが、一体パウロにとって如何なる意味をもったかを明らかにすることである。又そのことによって、宗教的実存の在り様の一側面を見てみたいのである。その際に、キェルケゴールの「肉の内なる刺」という表題をもつ談話を特に参照しつつ考えたい(2)。さらに又、この言葉は、猪突ではあるが、仏教のいう「煩悩即菩提」ということとも内的に関連していると思われるので、その点についても可能な限り述べてみたい。

一　「肉の内なる刺」という言葉

キェルケゴールはまず、聖書の意義は、人間に神的なものを通訳することにある、と述べる。それは仏典の意義が人間に如来について通訳することにあるのと同様であろう。聖典を内容的に定義するとすれば、人間を超えた神的なものへと繋ぐものということになる。その点からすれば、聖書の言葉は厳粛な信仰深い説法が行なわれる度に、世間を超えた超越的なものを鳴り響かせて来たのである。しかし、聖なる言葉が説法の場のみならず、日常世界へ紛れ込む場合が生じる。もちろん聖なる言葉はいささかも自らの故郷を捨ててはいないが、日常性によって掠奪されるのである。その時人々は「聖書の語によって感動もせず、聖なる文脈の内にその語の真剣な在り場所を見出だすために自らの思考を引き戻すこともしない。彼（＝日常人、筆者註）はそのようにその語を使うことが冒瀆であるという観念によっても狼狽することはない。又そのような使用は厚顔無恥とは程遠く、人間の目には許容出来る軽薄さにすぎないとされる」[3]。世間はこのようにして、超越的なものを表現する言葉を世俗の手垢に塗れたものとするのである。仏教用語にもこのことは多々起こっている。さてこのような聖書の表現の一つに、成句としての「肉の内なる刺」がある。この言葉に、人はしばしばおよそ用いられるべきでない場所で出会ったり、又、時折およそ不適当と思われるような形で用いられているのを見出だすのである。

しかしキェルケゴールによれば、本来「肉の内なる刺」という言葉は、最高の浄福に対立し、それに取って代るような苦痛であり、人間的な意味での、思惑（思枠）内での様々な栄光に対立するようなものではない[4]。又、この言葉がパウロによって言われているところに、非常に深刻な印象が与えられる。なぜなら、パウロ程、情熱に翻弄されなかった人はいなかったからであり、深い経験と完全な洞察が、真の信仰を与えた人だったのだから。その彼が、「最も力強い表現で『肉の内なる刺』について、そう、この悪魔の使者について語るのである。この使者は彼の口を打ちのめし、かくしてかの言葉にならない至福について言葉で言おうとするのを妨げるのである」(5)。

キェルケゴールはこのように述べて、この悪魔の使者「肉の内なる刺」が、パウロによって世間常識とは全く違った形で受け取られていると述べる。「この悪魔の使者が疾風のように現われて、稲妻のような速さで使徒を恐がらせる時、使徒も言うように、まさしくそれは悪魔の使者である。しかし、使徒がそれが自分に有益であることを知っている時には、この恐怖は最早悪魔の使者ではない。普通の人は、悪魔の使者が人間に利益を与えるためにやってくることなど聞いたこともないであろう」(6)。悪魔が自分に利益を与えることを知っているのが使徒である。使徒は、悪魔の出現を有益と知っている点で、日常人とは質的に断絶しているのである。柔弱な人間の常識は苦悩なき人生が最高と思う。使徒はこれとは正反対である。使徒は苦悩と最高の人生を分けては考えないのであり、そこには深い解釈と権威が存在するのである。今この解釈をキリスト教のもつ弁証法ということで考えてみたい。

その前に今一つ、聖書のこの箇所について、世間がどのように扱ってきたかをキェルケゴールは、六者について述べているので、概略それを見ておこう。まず（ユダヤの指導的）学者たちがいてそれを解釈した。しかし、それは世間的尺度で興味深く解釈されただけであった。次に、「虚しく思い煩い苦しんでいる人」である。この聖書の箇所は、思い煩い苦しんでいる人にも読まれ慰めを与えもしたが、それはパウロと同じ肉体的病気を患っているという点においてであった。次に「重愁（tungsind）に満ちた若者」である。Tungsind は憂愁と訳すのが通例であるが、tung（= heavy）の「重い」の意味を重視して、「重愁」と訳しておこう。しかしかかる重愁の若者が、この箇所を読んでも、重愁はいよいよひどくなるだけである。「ああ、彼は恐らく決してなんらかの説明など得ることはなく、解明されない恐怖が彼の『肉の内なる刺』になったのである(7)」。このような表現の内には、不安が堕罪を引き起こすという、キェルケゴールの『不安の概念』のテーゼが顔を見せている。次には「ひとりよがりの使徒」である。彼は自分が「肉の内なる刺」をもっていると思い、自分が神によって選ばれた道具であるという意識をもつ。しかし、それだけであって、信仰との共同作業がそこには欠けているのである。次に「気の弱い（臆病な）信仰者」である。彼はここを読み、そしてこのようなことは自分にではなく、使徒にのみ起こるのであると思う。「というのも彼は自分の目でも見ても、このような大それたことを望むには余りに謙虚だったからである。ましてやこれに伴う苦悩を考えただけで彼の臆病には手に余ることであった(8)」。ここには、謙虚の傲慢（仏教の唯識ではこれを卑下慢という）が顔を見せている。次に「単純な（間抜けな）信者」である。彼はここを何度も繰り返し読んだのだが、本当にそれを理解したとは決して思わなかった。というのも、彼は自分と自分の苦悩を、使徒の苦悩と比較して取るに足らないものと思ったからである。

以上六者を取り上げて、キェルケゴールはこの言葉を主体化（キェルケゴールの言葉で言えば自己化）

出来ない直接的な人間を批判している。そして、次の三点を十分に反省するだけの真剣な自己化（Tilegnelse）がこの言葉との出会いには必須であると述べる。「今や言われなければならない。人は使徒の内に自らの苦悩への慰めを求め、使徒の闘いの内に導きの糸を求める前に、自分で自分をくまなく探すべきであると。①自分の苦悩が微笑を以て論評される程度のものではないのか。②使徒に救われることを欲した時、それが冗談半分でなかったと言える程真剣に、人生が彼を試したのであったかどうか。③使徒は世間的な悲しみに多くの時を浪費するはずはないのだから、恐らく苦悩する者にとっては充分に厳しく見える闘いであっても、急いでその人をそこから引き離し、苦悩者が本来属するような決定的な闘い（それを使徒は語るのだが）に彼を引き入れることに対して、真剣に覚悟できているのかどうか[9]」。ここにある「くまなく探す」という言葉は ransage であるが、まさしく単なる反省のプロセスではなく、親鸞の思想でいえば「機の深信」の遂行といえよう。――如来の光明は、十二光で表現されるが、その内の最後の超日月光は、太陽や月の光とは比べることができない光であり、それを超えた光ということである。これはどういう光かというと、人間の「罪悪深重・煩悩熾盛」を、どんな些細なものまでも、くまなく照らし出す光である。だからわれわれは教えを聞けば聞くほど、自分のわずかな迷い心でもはっきりしてくる。

二　キリスト教の弁証法

さて、キリスト教の救済は最高・最強の救済であるが、しかしその力を発揮する前に、人をより深く傷つけるものであるとして、キェルケゴールは「魂がその内で信仰へ至るために闘っているような苦悩、或いは、信仰がその内で世間に勝利するような苦悩」について、又、「希望がその内で誕生するような、或いは希望がその内で揺るぎないものとなるような苦痛」について、又、「自己愛（自我が）がその内で息を引き取り、遂に愛が神を知ることを学ぶような自己焼尽、或いは、外的人間がその内で消え失せ、遂に内的人間が退廃から解放されて生まれ出るような悲惨」について述べる。ここで使われている「自己焼尽」（Fortærelse）は現代デンマーク語ではあまり使用されていない。大辞典五巻一〇四〇頁には、この語の用例として、キェルケゴールのこの箇所が引用されている。『死に至る病』の自己焼尽と通じる言葉である。それは又、自己愛が徐々に崩壊していくプロセスを可能にするものでもある。又、ここで言われる外的人間－内的人間という語も非常にめずらしい使い方である。これも『死に至る病』の中で描かれた、自分が着ている衣裳と自分を同一視する愚か者の例え話とも通じるであろう。(10) これと関連して、キェルケゴールは激しく、外面的な苦悩救済の手段にキリスト教を貶める立場を、愚かさ（Daarskab）、臆病（Feighed）、不遜（Formastelighed）、背信（Forræderi）と呼んで批判している。「我々はここで、英雄を演じないように、又自分で費用を出して兵士になどなろうと欲しないように、又自分自身の教師となって苦悩の基準を決めて長所を数え上げないように警告する。又自分で為した争いに試みられ、ただ新たな虚しさを手に入れるだけで、最後が最初よりも悪くならないように警告する。しかしながら、苦悩が構成要素であり、誰も苦悩なくして天国へは入らないということも又注意しなければならない(11)」。

苦悩は和らげられるべきものであるが、しかし苦悩なくして天国へ入ることはできないということも大いに自覚すべきことである。ここの箇所は「使徒行伝」第一四章第二二節の「弟子たちの心を堅うし信仰に止らんことを勧め、また我らが多くの艱難を歴て神の国に入るべきことを教ふ」に依拠している。苦悩を通じて天国があるのであって、このことをしっかり自覚していれば（仏教的に言えば執持すれば）不測の艱難にもぐらつかない。苦難が却って天国をいよいよ確信させてくれるものとなるからである。ここも非常に重要な箇所であり、それゆえ、キェルケゴールは「見よ、使徒が行なったのはこれである(12)」と述べるのである。そしてこの苦悩の最たるものが「肉の内なる刺」なのである。最高の浄福を掴んだ者も、それだけでは天国には行けない。「肉の内なる刺」を否定契機として、それとの逆説的な対応を通してのみ、天国は存在するのである。天国へ行くことは天国へ行くことではなく、行けないことが行くことなのである。ここには『歎異抄』のいう「仮土行き分かれば浄土行き」（第一七条についての筆者なりの言い方であるが）と同様の弁証法的な論理が貫かれている。因みにこの論理は鈴木大拙博士の「即非の論理」と一脈通じるところがある[13]。そして、このようなことは、世間を驚愕させるものなのである。「今回この談話は使徒の慰めを探求したのではない。或いは、誰かに安らぎを与えようとして語っているのでもない。もし言うとしたら驚愕のために語っているのである[14]」。この驚愕こそ、キリスト教信仰への入り口であると言えよう。このことについては後の方で次のようにも記されている。「建徳の書物がこのように驚愕のために語るということは、この書物も猟師のような企みをもっているからではないか。その建徳という名前によって人間を建徳の安らぎへ招待して、しかも彼等を驚愕させるのである。しかもこのことは辻褄のあったことなのである。このようにして我々は建徳を受け取るのである。驚愕を知らずして建徳を為そうとする者は禍なるかな！[15]」。こうして驚愕は真のキリスト教への入り口なのである。それは哲学への入り口が「驚嘆」であるのと似ている。人生は不思議な深い意味をもっている。悲しみと慰め、苦悩と歓喜が一緒になるような不思議な出来事がある。それは永遠から定められた一致であり、この世のみでは出てこない苦悩の意味なのである。「それゆえ一人の人間が、自分の苦悩は桁外れなので、自分には如何なる慰めもなかったと嘆くなら、それは次の理由によるのである。すなわち、彼が驚愕と苦悩を深く理解していないことに、如何なる超人間的な試練も存在しないという確信のもとに自分自身を裁き謙遜であろうとするより、慰めなどなかったという見栄っ張りの甘えの内で、全てを混乱させ、気晴らしを求めたということに[16]」。仏教的に言えばここには愚痴の問題が姿を見せている。外部の現実に文句をいう愚痴はそれだけですでに信仰から遠ざかっているのである。

三　苦悩の事実性と解釈

苦悩する人間の陥りやすいことは、直ちに提供された慰めに導きを求めようとしないことである。又苦悩を語る他者が、本当に試練を受けたのかどうかを考えることによって気晴らしをすることである。つまり、他者の苦悩を耳にして、それを他人事として苦悩を思惑（思枠）の中に取り入れてしまうのである。これは最早自己化（Tilegnelse）の領域からの逸脱である。このことが仏教で言えば、仏陀の「四門出遊」の問いでもあったのである。真に主体化することが最も重要なことであり、そこから逸脱した途端、信仰への道は閉ざされるのである。因みにサンスクリット語では、気晴らしが「逸脱」の意味を持つことが注目される。(17) しかし、そのような主体化から逸脱した苦悩者ですら、パウロだけは除外することは出来ないだろうとキェルケゴールは言う。使徒パウロは、周知のようにあらゆる種類の苦悩の試練を受けた人であった。この「あらゆる種類の」という言葉が重要である。「それでは、君の苦悩を挙げて見よ、或いはもし君の悲しみの逃げ口上（詭弁）が使徒と使徒の勇猛さを君をして妬ませたとしたら、諸々の苦悩を創案して見よ。君は使徒がその試練を受けたことを見出だすだろう。そして君が君の空想に従って彼を造りあげようとしても、或いは疾走している彼を立ち止まらせようとしても、それは成功しない。彼はその苦悩の規模において、君には及びもつかない人なのである」[18]。使徒の苦悩を妬んで、人間が諸々の苦悩を空想して、これは経験していないだろうと思っても、使徒はそのような貧弱な存在ではなく、あらゆる種類の苦悩を経験しているのである。

事実苦悩していることと苦悩が思惑（思枠）に取り入れられた状態との質的相違をキェルケゴールはどこまでも強調している。それは生きた苦悩の事実こそ、ひたすらそこに依拠して自らの思想を構築しようとするものだからである。「目が、走っている人を、走っているが故に捕らえ得ないように、苦悩に関しても同様である。未来の苦悩は使徒を恐れさせるには何の時間をももたない。過去の苦悩は彼をしっかりと捕らえるための何の時間ももたない、というのも彼は走っているのだから」[19]。ここで、走っているという言葉に含まれているのは、生きた現在である。生きたものとは、運動しているということである。生きた苦悩の現在をどう捕らえるかが問題である。それを一歩でも外れると、最早外面的な概念としての理解になってしまう。生きたいのちの世界は運動している世界であり、それは目でも捕らえられない。筆者がかねがね問題にしている刹那の世界であり、絶対矛盾の世界である。「彼は苦悩の試練を受けてきたのだ。だから、じっと座っていると、過去的なものによって力萎え、未来的なものに心奪われて不安になるから、苦悩はもっと恐るべきものになるなどと、使徒に教えることはないのである。そうではなく、逆に人は使徒から走ることを、完走することを学ぶべきなのである」[20]。ここは聖書の「コリント前書」第九章第二四節「なんぢら知らぬか、馳場を走る者はみな走れども、褒美を得る者の、ただ一人なるを。汝らも得んために斯く走れ」に依拠している。我々はパウロをどのようなところから理解すべきであろうか。パウロは苦悩の人であったが、このことは何処から理解すべきなのか。苦悩しつつある、その現実からである。それ以外は全て傲慢である。それは又苦悩を苦悩しつつある現在において理解することでもある。

「さあ、諸々の苦労（困難、心配、辛苦）を挙げて見よ。それらは瞬間の短さの内にあらゆる苦悶を注いで人間を無に帰し、長引く辛苦はゆっくりと身体から魂を苛むであろう。そして精神薄弱と嘲られ恥ずべきこととして忌み嫌われる。死の危険、無一文、投獄、拘禁状態を挙げて見よ。あらゆる誤解の深い屈辱、それから誤解以外は眠りについている状態を挙げて見よ。使徒であるのに偶像として歓迎されることを考えてみよ。立ち去るや否や忘れ去られること、臆病になった友人には見捨てられ、却って混乱を目論んだ敵によって支持される大義を考えてみよ。頼りにしている人に見捨てられることを考えてみよ。自分自身を助けようとする弱者に見捨てられること、真理の証人であるのに誘惑者と見倣されること、真理を教えているのに、そのことが罪を言い訳しようとする新たな罪と見倣されること、温厚が弱さと見倣されたり、厳格さが高慢と見倣されたり、父親らしい懸念が自己愛的と見倣されたりすることを考えてみよ。もし君がそう思うなら、もっと続けて見よ。君は使徒が試練を受けたことを見出だすであろう」[21]。――キェルケゴールはこのように、まるでわれわれを煽るかのように、人間界の苦悩をあげていく。「しかるにこれら全ての苦悩を、使徒は肉の内なる刺とは呼んではいないのである」[22]。あらゆる艱難辛苦の試練をも、使徒は「肉の内なる刺」とは呼んでいない。それ程に「肉の内なる刺」はある意義をもっているのである。それは一体いかなる意味であろうか。

「これら全ての苦悩が単に外面的なもの（外面的世界）にのみ存在するということに相違があるのである。会衆に関する煩いですら、誤解についての深い心の悲しみですら、それがどんなに重圧となっても、彼には自分自身を責めるものは何一つない。これら全ての苦悩が押し寄せても、彼が神と結びついているという確信が勝利するであろう」[23]。ここに違いが明確に提示されている。それはこれらの苦悩が全て外面的であり、彼自身を責めるものは何もないということである。使徒パウロの素晴らしさは、この世の中に一切彼の苦悩の意義を証明するものがないとしても、彼が神の協働者であるという精神の証明をもっている点である。そこではあくまでも内面の世界が問題である。一般には、善は前進し、真理は勝利し、聖なるものは恵まれ、労苦は実りをもち、努力は価値をもつ等、全て外面的に考えられている。しかし、キリスト教の世界はこうしたものとは質的に相違しているのである。外面的な諸々の苦悩と比較して、いかなる栄光もその責めを和らげることの出来ない根本的な内面の苦悩が「肉の内なる刺」なのである。

四　信仰の現実性

かねてから筆者は信仰の現実性を「既に」(schon)と「未だ……ない」(noch nicht)の相即として考えてきた。そのことをキェルケゴールは「肉の内なる刺」と関連して追及している。このことは又、苦悩の事実性とも一致した思想である。この世で人は様々な経験をもつ。豊かさ、貧しさ、美しさ、醜さ、評価、蔑視、生まれながらの盲目、結婚等々。しかし、そのようなことをいろいろ経験せず、またそれらがどんなことかを理解しないままに死んだとしても、その人が十分に人生を生きなかったとはいえない。では人生を本当に生きた人とはどういう人を言うのであろうか。世親は『浄土論』の中で「空過」ということを述べているが、同様の問いを我々に突き付けているのである。[24] 空しく人生を過ごさないとはどういうことなのだろうか。

「もし、人間が神と争うとはどんなことなのかを全く経験しないままに死んだとしたら、それは埋葬されたその者が神を畏れることにおいて、極めて偉大であったということの徴と言っていいのだろうか」[25]とキェルケゴールは言う。神との闘いを経験しなかった人は大いに神を畏れていた人であり、神からの遺棄を経験しなかった人は主のお気に入りであるというように、形式論理的に言えるのだろうか。神の怒り、焼き尽くす炎を経験しなかったということは死に際の慰め、審判の際の正当性となるのだろうか。否、とキェルケゴールは強く言う。人間は誰しも、真剣であれば神の怒りを経験せざるを得ないのである。怒りの経験を通して神の愛に触れることが、宗教の本質なのである。そしてこの経験のみが、人生を「空過」しない生き方なのである。

前述したように、「肉の内なる刺」は、最高の宗教的浄福と対応している。「肉の内なる刺」は、いかなる外面的なものとも関係をもたない。たとえいくらキリスト教の教義がこの世に広がり、支持されても、そのことと宗教的浄福とはなんの関係もない。「苦悩が感受され刺が疼くや否や、使徒はただ自分自身に関係しなければならない」(26)。「肉の内なる刺」は、人間を単独者に引き戻すのである。「浄福は次第に消え失せる。ああ、浄福をもっていることは言葉に表現出来ないことであった。（浄福が消失した）苦痛も表現出来ない。なぜなら、その消失すら表現出来ないのだから。そしてその記憶も又、無力の内にただ萎むこと以外為す術を知らないのだ！」(27)。浄福は「肉の内なる刺」と対立するが、しかも単独者の心の根底に於いてである。「肉の内なる刺」が感受されるや否や、浄福は無力の内にただ萎んでいくのである。

「第三の天において恍惚状態になったこと、浄福の懐にかくまわれていたこと、神の内で成長したこと、そうであったのに、今や『肉の内なる刺』によって時間性の（この世の）束縛の内に繋がれているのである」(28)。今や一切が無に帰し、肉と血、塵と退廃へ変わるのである（コリント前書第一五章第五〇節）。

一旦神との関係が成就しても、それは不変では有り得ない。『歎異抄』でいえば踊躍歓喜は続かないのである。それはすぐに色褪せる。――しかし真実の信仰はここからなのである。無常性がこの世の真理であり、踊躍歓喜も無常である。しかし、実はこのことは人間に真の利益をもたらすのである。「使徒はこの回転が彼に利益をもたらすことを知っている」[29]。そして、「最高の浄福と最も重苦しいことを、最も強い表現で述べた後で、獲得しそして失った後で、ああ、かくも穏やかなのだ」[30]。浄福と苦悩を両極まで経験した後で、使徒が如何に穏やかであるかを、キェルケゴールは感嘆の言葉をもって記している。我々としても龍樹（ナーガールジュナ）の空観が、両極の見極めの内に成立することを知っている。そして、そこまで至って、初めてあるがままを受け入れることができるのである。それは又自我が真の意味で崩壊した時である。（筆者はここに成立する「柔らかい心」について、別のところで問題にしている[31]）

苦悩（「肉の内なる刺」）が浄福を経験させてくれる薪の役割を演じることになる。この薪がなくなれば、浄福（炎）もまた、存在のしようがないのである。そして「肉の内なる刺」が見棄てられたことの表現であり、徹底した分離の表現であることに注目しなければならない。この分離は死よりも深い分離である。しかもこの深い分離こそが、初めて神との関係を受取り直す契機となって働くのである。「肉の内なる刺」によって人間は自己の元の状態に押し戻される。この自己は罪の自己であって、自由の状態でもなければ、解放された状態でもない。しかもこの押し戻されが、信仰の現実性を成立させるのである。元の木阿弥状態といった苦悩が出てくるところに、真の宗教的実存の展開があるのである。

五　パウロと逆縁としての彼の生涯

「パウロの生涯は実に波乱に富んだものであった。そして使徒としての休みなき活動は数えきれない程多くの喜ばしき想い出を彼にもたらした。しかし同様に又、荒れ狂った生活の中で神に盾突いていた頃の想い出は、彼の残された生を痛めつけたのである。それは丁度肉体に疼く刺のような想い出として、又サタンの使者が彼の口を封ずるような想い出としてである(32)」。「盾突いていた」と訳したのは、「使徒行伝」第二六章第一四節の有名な箇所で、「サウロ、サウロ、何ぞ我を迫害するか。刺ある策《むち》を蹴るは難し」の「刺のある策を蹴る」の箇所である。――パウロの生涯は波乱に富んだものであった。それは喜ばしい想い出ももたらしたが、以前の不安に駆られた活動は、常に彼の「肉の内なる刺」として彼の内に疼いていたのである。キェルケゴールによれば、パウロは異常なこと、高貴なことを求めたのではなく、常に謙虚さの内に立とうとしたのだった。それゆえ、過去的なことも自分の思惑（思枠）で処理せず、常に真剣に忘れることなく引き受けようとしたのである。しかし、最早過去的なものは恐れとおののきを以て彼を掴んではいなかった。「実に過去的なものは有無をいわさず立ち返った。しかしそれは彼を恐れとおののきを以て掴み取る力を持っていなかった」(33)。過去はその都度新たな記憶として現在に蘇ったのであるが、しかし、最早彼を恐れさせ暗くすることはなかったのである。

ここで言われる過去的なものとは、例えば、若き頃の彼の行為があげられる。ステパノが民衆によってリンチを受け、人々がその衣服をパウロの足下に置いて監視させたことがあった。この想い出は常に現在に蘇る忘れ難い想い出なのである。又次のように言われる。「彼がキリストを道として（それは彼自身が歩み、多くの人にそれを示した道であった）宣教した時、実際この道はパウロがそれを歩んだ以前から存在していたのである。この道は、サウロがサンヘドリンから、『この道にいた』人々を投獄する許可を得た時にも存在していたのだった。それゆえ彼が殺害と威嚇を以てキリスト者に対して荒れ狂っていた時にも、彼はこの道を歩んでいたのである」(34)。ここの意味は甚だ重要であろう。キリストを道として考える時、パウロは殺戮と威嚇という形で既にこのキリストの道を歩んでいたのである。ここでは、道という言葉で先のキリスト教の弁証法がより具体的に示されていると言えよう。道から外れていることも道を歩んでいる意味を持つのである。そこにはあらゆる対立矛盾も、常に道へと包み込むキリストの愛が示されている。

「実にパウロは自由な人間をこの時以来捕縛したのであり、それは彼がエルサレムへ捕虜として連れて行った数よりも遥かに多く、又遥かに確実に捕縛したのだった。ところで、この不幸なる人々、彼等は今何処にいるのか?」[35]。この部分、仏教で言えば、釈尊の弟子となった極悪の人アングリマーラの生涯を想起させる。『テーラガーター』（『長老偈経』）八七一偈に「さきにおのれのおかせる悪業をいまや善業をもっておおう者は　あたかも雲間を出でし月のごとく　この世を照らすであろう」という偈が記されている。ここで雲間を出た月に例えられているのがアングリマーラである。彼はかってコーサラ国にあって、人々を戦慄せしめた盗賊であった。彼は人々を殺害しては、その指を取り、それを繋いで首飾りにしたという。その彼が不思議な縁によって釈尊の教化を受け、一転して比丘となったのである。増谷文雄は、雲一つない夜空に輝く月も美しいが、まさに雲間を出た瞬間の月の美しさは、一種凄みをもった美しさをもっているではないかと述べている[36]。パウロも又、アングリマーラとは違ってはいるが、同様の、まさしく毛穴から血の吹き出る程の懺悔すべき過去をもっているのである。この忘れ難い記憶が蘇る時、パウロは自己の現在の宣教そのものに対しても、この資格があるのかと疑わざるを得ないのである。その思いは、限り無く深く彼を落ち込ませた（こういうところに我々は又キェルケゴールのいう重愁（tungsind）を考えるべきなのである）。「もし彼が立ち止まり、追憶が過ぎたなら、彼は気掛かりな思いに落ち込んだのだった。それはあの不幸な人々を再び見出だすことが出来るかどうかという思いだった。疑いはもっと強くなった。全ての自分の活動、全ての他人に対する御言葉の宣教、それらは自分が為すべきことだったのか!」[37]。かつて熱烈なユダヤ教徒としてキリスト教徒を迫害したパウロであった。そして又その迫害こそ神に嘉とされると確信していたのである。

それが今やその迫害が大いなる悔いの対象となっているのである。

ここでキェルケゴールは注目すべき言葉を記している。「アグリッパの前にパウロは鎖に繋がれて引き出された。この王は彼に言った、『パウロよ、お前は荒れ狂っている』と。――もしこの『お前は荒れ狂っている』という言葉が彼を立ち止まらせ、追憶の混乱を引き起こすきっかけになったとしても、又神に嘉せられる犠牲として彼の内で燃えていた聖なる熱意が再び荒れ狂ったとしても、又神を讃えるために自虐的な人間になったとしても、どうということがあろう。なぜなら、それは又偉大な魂を要するのだから！[38]」。過去的なものは決してパウロにとって無になってはいない。深く深層意識の内に生き続けているのである。そして何時又彼を思いがけない熱情の中に引き摺り込むか分からないのである。この辺りに、「肉の内なる刺」の何たるかがうかがわれるような気がするが、しかし、そのようなことが起こったとしても「どうということがあろう！」なのである。これは一体どういうことを意味するのであろうか。ここは仏教的に言えば、煩悩即菩提の考えが示されているのである。いかなる煩悩が再び沸き起こっても、最早そこには平常心の世界が開けているのである。そこでは煩悩が煩悩と知られており、その煩悩がただ当事者を痛め付けるだけではなく、むしろいよいよ宗教的真理の受取り直し（Gentagelse）を可能にする契機としての役割を演じることになるのである。煩悩が煩悩に終わるのではなく、菩提（悟り）の炎に転じるのである。キリスト教的には、次のようなキェルケゴールの言葉となる。「悪魔の使者を神の密使に転換するとは驚異ではないか。これでは悪魔もうんざりしないだろうか[39]」。

ただし、この転換には、自らの罪業を、深い闇をたじろがずに見つめる必要がある。それは自己の実相の自覚であり、親鸞で言えば「機の深信」の遂行である。パウロも又、このような道を歩んだのである。「その時、彼が見つめれば見つめる程、次のことが彼には明らかになるのである。すなわち、闇の使者は他ならず彼を訪れた神の使者であり、彼に好意をもつ親愛なる精神であることが[40]」。悪魔は仮面を剥がれて反対の者に転換する。ここにキリスト教、仏教を通じて言えるような、宗教的実存の展開があるのである。

パウロの生涯は、波乱に満ちたものであり、キリスト者を殺戮、威嚇することもあった。しかし、この逆縁はまさしくキリスト教との真の遭遇を可能にするものでもあったのである。その意味でパウロは常にキリストの道を歩んでいたのである。そして「肉の内なる刺」とは、取り返しのつかない自己の罪業を意味するが、それは外面的なものではなく、神の愛の深さと共に深められゆく自覚として存在するのである。

注

(1) 山谷省吾他編『増訂新版新約聖書略解』日本基督教団出版局、一九八九年、五二七頁。
(2) S. Kierkegaard, "*Pælen i Kjødet*" i "*Fire opbyggelige Taler*", S. V. 3udg. Bd. 4, S. 290ff.
(3) Ibid.
(4) 筆者の使う思惑（思枠）という用語については、『宗教的実存の展開』創言社、二〇〇〇年、六頁参照。
(5) S. Kierkegaard, *Fire opbyggelige Taler*, Bd. 4, S. 291.
(6) Ibid.
(7) Ibid., S. 292.
(8) Ibid.
(9) Ibid.
(10) 『死に至る病』に次のようにある。「まず、ある自己を考えてみてほしい（神の次に、自己ほど永遠なものはない）、次いで、この自己が、自己自身とはちがった――別人にならせてもらえないだろうか、という考えをもったとしよう。ところが、この絶望者（そう、彼の唯一の望みが、このように全ての狂気じみた変化の内でも最も狂気じみたものであるような）は、この変化が、まるで衣服を着替えでもするように、いとも簡単に出来るのだと、空想的に思い込みたがるのだ。というのも、直接的な者は自己自身を知らないからなのである。彼は文字通り上着を以てしか自己を知らない。彼はただ外的事物においてのみ自己をもつことを知るのである（ここに又、無限の滑稽味があるのだ。」（S. V. 3udg. Bd. 15, S. 109. 拙訳『死に至る病』七四頁）。

(11) Ibid., S. 293.
(12) Ibid.
(13) 例えば『哲学思想事典』岩波書店、一九九八年、八七四頁には、「〈即非の論理〉とは『金剛般若経』による「AはAではない。故にAである」という推論式で、前半は同一律に基づく意識の立場の否定、後半は相対を越えた霊性の絶対的肯定性を表す」と記されている。
(14) S. Kierkegaard, *Fire opbyggelige Taler*, Bd. 4, S. 294.
(15) Ibid.
(16) Ibid.
(17) 『武内義範著作集』第三巻、法蔵館、一九九九年、一九五頁参照。
(18) S. Kierkegaard, *Fire opbyggelige Taler*, Bd. 4, S. 294.
(19) Ibid.
(20) Ibid., S. 295.
(21) Ibid.
(22) Ibid.
(23) Ibid.
(24) 「空過」については、『真宗聖教全書』一、大八木興文堂、一九六七年、二七〇頁参照。
(25) S. Kierkegaard, *Fire opbyggelige Taler*, Bd. 4, S. 297.
(26) Ibid., S. 298.
(27) Ibid.
(28) Ibid.

(29) Ibid.
(30) Ibid.
(31) 「ともしび」第五九四号、真宗大谷派教学研究所、二〇〇二年。
(32) S. Kierkegaard, *Fire opbyggelige Taler*, Bd. 4, S. 301.
(33) Ibid.
(34) Ibid., S. 302.
(35) Ibid.
(36) 増谷文雄『業と宿業』講談社、一九七五年、一〇六頁以下を参照。
(37) S. Kierkegaard, *Fire opbyggelige Taler*, Bd. 4, S. 302.
(38) Ibid.
(39) Ibid., S. 303.
(40) Ibid.

第四章　無常性の克服
——『神の不変性』を読む——

この論考は、『新キェルケゴール研究』第一号（二〇〇一年）に掲載されたものである。

一　無常性と我意

諸行無常ということは、我々日本人にとっても馴染みの深い言葉である。無常とは、サンスクリット語の anitya であり、それは永続的・固定的・不壊を意味する nitya（ニトヤ）に否定の接頭詞 a を付けて否定したものである。常に変化し流動している現実世界の姿をこのような言葉で表現している。古代ギリシャの哲人ヘラクレイトスも「万物は流転する」と言っていることからしても、一切が常に変化しているということは、古今を問わず人間の実感として、その真理性をもっていると思われる。

キェルケゴールは壊れやすいもの、腐りやすいもの、堕落しやすいものという表現で無常な事物を表現しているが、仏教用語に近い感覚と言えよう。

まずは、キェルケゴール自身の言葉を引用しよう。「聴衆者諸君、今君は聖句が朗読されるのを聞いた。今その反対のこと、すなわち時間的、この世的な物事の可変性や人間達の可変性を考えることは、何と当然なことであろう！　一切が過ぎ行くもの（Forkrænkelighed）であり、人間が、そう、聴衆者たる君も変化するものであるということは、何と意気消沈することであり、心身を疲労させることであろう(1)」。

キェルケゴールがその最後に記した談話は『神の不変性』と題され、そこには神の不変性、就中「愛において不変なる者」「無限の愛の内で動かされる者」である神について語られているが、その一方で強調されるのは、やはりこの世の有限性であり、無常性である。そして私が注目したいのは、そのような無常性が、何よりも人間の我意に根拠をもつと述べている点である。

もし君が彼のこの不変性を、彼の求め給うように、君の福利のために、君の永遠の福利のために奉仕させるなら、又もし君が、君の我意（Egenraadighed）（そしてこれこそ、外部からである以上に、本来可変性が現われてくるところのものである）が死に絶えるように教育されるなら、早いほど一層よいであろう。君を手助けするものなど何もない。良きにつけ悪きにつけ、とにかく君が為さねばな

らないのだ。（Ibid. S. 264）

この前後に、キェルケゴールは人間存在の特性を「不安定」「可変性」「移り気」「我意」の四つの言葉で表現している（Ustadighed, Foranderlighed, Lune, Egenraadighed）。そして、この特性こそ、仏教用語で言えば「諸行無常」の根拠であるとしているのである。それ故、無常性の克服には我意が死に絶えなければならないのである。この主観に無常性の根拠を置き、永遠の世界に到達するには、我意が否定されねばならないとするのは、まさしく唯識思想と軌を一にする考えであると言えよう（唯識思想と並んで、同時期に如来蔵の思想も生起したが、特に『大乗起信論』が「衆生心」に大乗の法を置いていることなど、同様な観点から注目すべきである。そこでは人間のごく普通の心に仏法そのものが主体化されている）。なお、我意という言葉によって、筆者は思惑（思枠）をもって生きる人間に必然的に随伴する自己中心性を考えている。(2) それは単に意識レベルのみならず、無意識のレベルにおいても適用されるものであって、唯識で言う末那識（manas）に相当するものである。

かくして更に「もし君が神の不変性によって不安定と可変性と移り気と我意を断念するように教育されるなら、その時君は神の不変性の中に、常に一層平安に、そしてますます至福に憩うのである」（Ibid. S. 264）とも言われるのである。

二　我意の死滅は神の方から

今、「君が神の不変性によって……我意を断念するように教育されるなら」という一文を引用した。この表現は何気ない表現であるが、我意が人間存在の方から断念されることにはならないということを表現している。我意は神の不変性によって断ち切られるという側面を本質的にもっているのである。私はここに他力思想を見て取る。そしてこのような表現は、この書の始めから一貫している。

汝、愛において不変なる者よ、汝は我々の福利のために自らを変えしめることはない。我々は我々自身の安楽を欲し得ますように、そして、汝の不変性によって、絶対的な服従の内に安らぎを見出だし、汝の不変性の内で安らぐよう、我々が教育されますように！（Ibid. S. 255）。

ここには、我々人間の利益、福利のために神は自らを変えないこと、むしろ変わるべきは人間の方であり、しかもその変化は人間の思惑からは決して生じないことが言われている。神の不変性にぶつかることによって、又その不変性への無条件の服従によって、人間の変化というものが起こるのである。神の方は決して変化するのではない。

「ああ、無限の愛の内で動かれる汝よ。そして又この我々の祈りも汝を動かして、汝がこれを祝福し、かくしてこの祈りが、祈る者をして汝の不変の意志との一致の内で変化せしめ給うように！」（Ibid.）といわれる。キェルケゴールは最初のこの祈りについて、それがいかにささやかなものであっても、神の意志と一つになるように、祈る者を変えるようにと、祈っているのである。神の意志と自らの意志が一致するという表現は、この作品において数多く見られるが、それこそキリスト者における信仰の成就といえよう。この神の意志との意志疎通を神は常に要請されているのである。

何よりもまず第一に、君は神と意志を疎通しているか、君はそのことを真剣に熟慮し、誠実に努力しているか、——そして君がそれに努力すべきであるということが（君と同様にすべての人間に関しても同様に）、神の永遠に不変な御意志なのである。（Ibid., S. 259）

無常性の克服は我意の死滅において成就するが、その我意の死滅は神の不変な意志との合致の要請を真剣に（alvorligt）受けとめるところに可能となるのである。

三　神からの促しと人間の躓き

神（父）は完全な賜物を贈ること以外には考えない。さらには自ら来たってこの賜物を授けようとされるのである。

最も親切な存在、すなわち愛そのものを考えてみよ。この存在が私を目指して賜物を選んだのであり、そしてこの賜物は善きものであり完全なものである。その存在が来たって私にこの賜物を授けよう（skjende）とする――そこに他の人間が居合わせて、彼は私に忠告して言う、君が柔和にそれを受け入れるかどうか、見させてもらいましょう、と。（Ibid., S. 257）

不変な愛の存在が、私に向かってただただ善であり、完全である賜物を与えようとしている。しかし、人間はそのような場合に柔和にはならず、むしろ憤怒する場合すらあるのである。

古代における一人の異教徒、ただ一人の人間、素朴な賢者が嘆いたことは、しばしば彼が次のことを経験したことである。すなわち、彼が一人の人間に一層善い知識を齎らすために、つまり彼に福利を為そうとして、彼から一、二の愚劣さを取り除こうとすると、相手が非常に怒ることがあり、この素朴な者は半ば冗談半ば真剣に言っているのだが、まさしく彼に噛み付こうとしたというのである。（Ibid.）

この文における異教徒はもちろんソクラテスであるが、いつも変わらず、善きもの、完全なものを与えようとする者に人間は躓き、憤怒すらするのである。この辺りの機微については、例えば『法華経』なども素晴らしい比喩を展開している。それは『法華経』「信解品」に説かれている「長者窮子の比喩」である。簡単にその内容を記すならば、幼い頃に家出した息子が、やがて成人して、しかも乞食となって我が家とも知らず長者の家の近くを徘徊する。わが子と知った長者は勢い込んで家人に子供を追わせるが、息子は何のことか分からず、不安に駆られ、逃げ去ろうとする。そこで今度はまず一番下の雇人として雇って、次第に重く用いて、やがて最後に実の子であることを打ち明け、全財産を与えるのである。一切の善きものを与えようとした時、子供はむしろ躓くのであって、そこに、特有な伝達方法・方便が必要となるのである。絶対の真理は、相対者である人間にとっては、躓きの対象であり、憤怒の対象である。このことについては又、『キリスト教への修練』が見事な筆致で描いていることは周知のとおりである。(3)

救いを前にして躓くのが人間であるとするなら、信仰は柔和な心（Sagtmodighed）において成就するといえよう。キェルケゴールも繰り返しこの作品において、柔和であることの重要性を説いている。これは仏教で言えば、生ける現実・事実をありのままに受けとめるところに成立する信心の様相に他ならない。キリスト教においても、柔和こそ神の愛の受容、或いは神の意志との合致（信仰）に欠かせないものと言えよう。

因みに曇鸞は『論註』の中で次のように述べている。「『柔軟心』といふは、いはく、広略の止観相順し、修行して不二の心を成ぜるなり」。止と観とを均等に行じて、驕ぶることもなく沈むこともなく、諸法実相をあるがままに了知する心こそ、柔軟心であり、それは人生のまことの姿に随順して逆らうことのない心なのである。（『教行信証』「証巻」参照）。

神が我々に対して最も稗益を与えようと欲する時に、我々は時として最も怒り狂うのである。実際、我々人間が本当に我々自身の福利を知り、最深の意味において本当に我々自身の福利を欲するなら、この関係において柔和であれという如何なる勧告も必要ではなかったであろう。しかし我々人間は（誰がそのことを、自らの経験において確かめなかったことがあろう！）、所詮神との関係において子供のようなものである。（Ibid.）

このことは又、使徒と凡人の違いとしても説かれている。使徒にとっては、神の不変性の思想はただただ平安を伴うが、人間にとっては（思惑存在にとっては）、憤怒の対象、躓きの対象になるのである。自分に都合のよい不変性は賛同するが、そうでない場合は、貪・瞋・痴となるからである。

四　聖句に即して

キェルケゴールがこの書で引用している聖句はヤコブ書第一章、第一七節―二一節である。キェルケゴールの言葉でそれを引用しておこう。

凡ての善き賜物と凡ての全き賜物とは、上より、諸々の光の父より降るなり。父においてはいかなる変化も回転の影も無き者なり。父は、我々を父の被造物の初穂の如きものたらしめんとして、御旨のままに、真理の言葉によって我々を生み給うたのである。それゆえに我が愛する兄弟達よ、いかなる人であっても聞くに速やかに、しかし語るに遅く、怒るに遅くあれ。何となれば人の怒りは、神の前に正義であるものを行なわないのだから。それゆえ凡ての汚れと凡ての悪意の残滓を捨て去り、柔和に、あなたに植え付けられ、又あなたの魂を祝福されたものたらしめる力をもつ言葉を受け取りなさい。

この引用を為した後で、キェルケゴールは「聞くに速やかに」「語るに遅く」「怒るに遅く」ということを解釈している。そこではsnar（速やかに）とlangsom（遅く）という言葉が対比されている。まず「聞くに速やかに」を考えてみよう。聞くとは、我々一人一人の内に植え込まれている（唯識で言う「依附」）御言葉を聞くのである。聞法ということは親鸞にとっても最も重要なことであるが、この「聞」に必要なことは、ただ一つ「柔和」であること、素直であることである。私の言葉で言うなら、思惑を破ってということである（そしてこの「破って」が生起する時には、聞くことと同時に、思惑の根本である我意が自覚されているはずである）。その時には、直ちに御言葉は、我が身に届くのである。

次には「語るに遅く」と言われる。「なぜなら我々人間は、とりわけこれとの関連において、又とりわけ素早く為すおしゃべりというものは、しばしば善き又完全な賜物を、余り善くはなく完全でもない賜物にするのに役立つだけだからである」（Ibid., S. 256）とキェルケゴールは述べている。私の言葉で言うなら、「聞」が一旦思惑に取り込まれてから「語られる」なら、最早それは人間の思いに汚染されてしまっており、余程熟慮しない限り、素直な「聞」の瞬間（刹那）に到達しないからである。

又「怒るに遅く」と言われる。「我々は賜物が我々にとって善きもの完全なものに思われない時、怒るべきではない」とキェルケゴールは述べている。これも「我々にとって」が一枚噛んだ途端に、真の賜物には出会えないのであって、そうだとすれば、偽りの賜物について怒るということは、最早人間の責任であって、徒に怒るな！　という勧告が為されねばならないのである。この聖句を、仏教の立場から見れば、法に背反する時に生じる貪・瞋・痴の煩悩として解釈することも十分に可能であろう。

五　神の不変性に遭遇する時の二つの可能性――畏怖と解放

この作品は、大きく二つの部分に分かれている。それは第二版ではゴシックとゲシュペルトで明記され、第三版ではイタリックで明記されている。そしてその二つ目の部分が始まる直前に次のような文がある。

使徒にとっては、神の不変性の考えは、ただただ慰め、平安、喜び、浄福以外のなにものでもない。このことは実際永遠に真実である。しかし、我々は次のことを忘れないようにしよう。すなわち使徒がこのようにあることは、まさに使徒だからこそなのだ。使徒は既に久しく無条件の恭順の内に神の不変性へ全く自己を委ねてきたのだということ、又使徒は出発点に立っていたのではなく、むしろ道、すなわち狭いけれども、善き道の終わりに立っていたのだということ、この道を使徒はあらゆる事を断念して選び、ますます強い歩調を以て永遠性に向かって急ぎながら、後を顧みることなく不変にこの道に従っていたのだということ、を。これに反して、我々は未だ初心者に過ぎず、訓育の下にある。我々においては、神の不変性は又別の側面から見られねばならない。そして我々がこのことを忘れるなら、我々は使徒の崇高さを妄りに用いることの危険を容易に冒すのである。（Ibid., S. 257）

ここでは、非常に格調高くキェルケゴールは使徒の位置を讃嘆している。そして我々と使徒との質的な相違を述べている。我々は未だ初心者であり、未だ非自由であり、これから導き行かれる者である。これから一切を断念しなければならず、これから否定の道を辿らねばならないのである。このように述べてキェルケゴールは、真理への道行きの手前に立つ人間の状況を次のように述べている。これはいわば善導大師の二河白道の直前に立つ旅人の状況と軌を一にしている。

かくして我々は、可能なら驚愕（Forfærdelse）の内に、又安堵（Beroligelse）の内に、汝、不変者について、或いは汝の不変性について語ろうと思う。（Ibid., S. 258）

ここから可能なら二つの精神状態の内で、神と神の不変性について語るというのである。これは矛盾した状態である。一つは、神と神の不変性は我々を驚愕させ、畏怖させるものである。しかし又同時に真に解放を与えるものなのである。ルドルフ・オットーのヌミノーゼの概念に通じる絶対者の属性がここで表現されているとも考えられる。又、畏怖と解放は順序から言えば、畏怖が先立つものであろう。真理に直面する者はまず驚愕するのである。それは余りにも世間常識とは質的にかけ離れたものだからである。しかし思惑の内で、さまざまに展開する煩悩世界を真に解脱させるものも、この絶対的真理の他にはないのである。

六　畏怖の対象としての神の不変性

神は不変に自らの意志との意志疎通を、人間に要請されている。それは無常性を克服して永遠に目覚めよ、ということである。人間はこの世の可変性を嘆くのであるが、それでは真剣に神の不変性を希求しているかというと、そうではない。「君は漫然と日を送っていて、こんなことには思いも及ばないのだろうか」と、キェルケゴールは日常性に埋没している普通人の「空過」（『浄土論』[4]）の有り様を厳しく問いただす。日常の在り方がどんなに悲惨な在り方であるかは、日常性からは分からない。しかし、遅かれ早かれ（tidligt eller sildigt）人間は神の不変性に遭遇し、これまでの悲惨を回顧せざるを得ないのである。

> 遅かれ早かれ、いつかはこの不変の意志と衝突しなければならない。この不変の意志は、君の福利を欲したが故に、君がこれを熟慮すべきことを欲したのであり、この不変の意志は、もし君が別の仕方でそれに衝突するならば、君を打ち砕くに違いない。（Ibid. S. 259）
>
> さて次の段階であるが、ともかく神と意志疎通している君、君は又神と良好に付き合っているのなら、君の意志は君の意志でありながら、又絶対に神の意志なのである。君の諸々の願い、君の一つ一つの願いが彼の命令であり、君の諸々の思い、最初にして最後の思いが神の思いなのである。さもなければ、神が不変であり、永遠に不変であるということは恐るべきことである！
>
> （Ibid.）

道元の自己の概念は、周知のように「仏道とは自己をならうなり。自己をならうというは自己をわするるなり。自己をわするるというは万法に証せらるるなり」（現成公案[5]）という言葉によく表現されているが、ここのキェルケゴールの文章と通ずるものがある。自我が破れて、万法の意志が己れの意志となるところに、真の自己が成立するのである。もし、そうした事態が起こらないなら、万法は、自我に衝突し、打ち砕くであろう。それは畏怖すべき対象となるであろう。しかし、「次の段階」として、万法に証せらるるなら、自己の願い、自己の思いは万法と一つになるのである。このことは一見違った宗派に見えようとも、親鸞の信心にも通じるものがある。本願・名号の呼び声が届く一刹那に、すなわち聞信の一念に、私の願いは仏の願いとなり、そこに願作仏心・度衆生心が成立するのである。

以上を一言で言えば、思惑で生きる人間の在り方と神と意志疎通している人間の間には、その人間の生死を分けるような、その人間の存在を打ち砕くような質的な差異があるということである。このことをこの後すぐに、キェルケゴールは特に時間の地平から問題にしようとしている。

ところで永遠の不変者、彼にとっては千年は一日の如しである。ああ、これすら言い足りず、彼にとっては千年は一刹那のような（som en Nu）ものである。実際彼にとって本来それは無かったも同然である。もし君が「汝為すべし」と彼が欲するのとは違った道を、ほんのわずかでも行こうとするなら、それは恐るべきことなのだ！　本当に、もし君の、又私の、又これら無数の人達の意志が神の意志と全く合致しない場合、即ちそれは外部の、いわゆる現実世界のせわしなさの中で最もうまくいっている場合でもあるのだが、神は本来何らの気付きの印も与えられない。或いはむしろ正直な者がいて――もしそのような者がいるとして！――彼がこの世界、聖書のいうように、悪の内に存するこの世界を観察する場合、神が何らの気付きの印も与えられないということに意気消沈せざるを得ないであろう。事態はそのような具合なのだ。（Ibid., S. 260）

人間の意志と神の意志が全く合致しない場合、むしろ人間は現実世界が（それは虚構の現実にすぎないが）最高にうまくいっていると思い込むのである。そして又、人間は自らの思惑の内で、善悪を思うのであるが、神はそのことに全く無頓着である。いわゆる正義の人はがっかりするであろうとキェルケゴールは言っている。

人間的現実の喧騒に全く神は無頓着（絶対的無関心）なのである。そしてそのことは恐ろしさを軽減するどころか、むしろその恐怖の有り様を一層深刻なものにするのである。強者が強情な者を打ち砕き、破滅させることが恐ろしいことではない。神が侮られず裁きの時期には破滅的に人類に臨むということも、最も恐ろしいことではない。そのようなことは人間的に言えることに過ぎない。永遠の不変な神の裁きとは、そうした地平を質的に超越しているのである。神は全く静かに見ているだけであり、悪が蔓延し善良な者まで暴力に訴えて善を為そうとするような事態があっても、ただただ静かに見ているのである。このことこそ最も恐ろしいことなのである、とキェルケゴールは言う。ここには

『カラマゾフの兄弟』におけるゾシマ長老の問題が提出されている。神の沈黙は絶対的な壁であって、その壁にぶつかって人間の思惑は粉砕される。ここには又、ヨブの絶望の問題も関連するであろう。人間有為の世界が、如何に華麗に展開しようとも、それは無為の世界とは無関係である。或いは無関係という形で恐ろしい関係を保っているのである。道元は只管打坐ということを絶対的な行としたが、それは又「無為の妙術」と表現されている。有為による煩悩世界の恐ろしさを知っている言葉である。

人間は、時間を自らの思惑によって意味付ける。しかし、時間は神が与えるものである。「彼は時間を与える」(Ibid., S. 261) とキェルケゴールは表現している。人間的に意味付けされた時間のみで物事を量ることこそ、人間の軽率である。罪責と罰との関係も、人間は軽率に考える。その内正義の概念も変わるであろうと考え、時の経過の内に、忘却が起こり、罰も忘れてしまう。変化するのは人間の方であって、その変化する意味付けによって、永遠を忘れ、ますます不遜になっていく。しかし、そのような意味付けとは全く違った永遠の尺度をもって神は、一切を静かに見ている。マクロからミクロまで。

彼は現に存すると共に永遠に不変であり (baade er han til, og han er evig uforanderlig)、そして彼の無限の偉大さは、まさしく彼が最も微細なものすら見て取り、最も微細なものすら覚えていると

いう偉大さである。(Ibid., S. 261)

七　人間の心——レギーネとの関係の清算

キェルケゴールは、この作品において、レギーネとの関係も総括している。少し長くなるがその箇所を引用しょう。

人間と人間との関係において、しばしば変化することについて嘆かれる。ある者は他の者に向かってお前は変わったと嘆く。しかし、人間と人間との間においてすら、時としてある者の変わらないことが悩みの種になるようなことがある。恐らく一方が他の人間に自分自身について打ち明けたということがあるかも知れない。彼が述べたのは、少し子供じみた悪意のないものであったかもしれない。しかし事情はもっと真剣なものであったかもしれない。すなわち、愚かで軽薄な心が彼の熱意について、彼の感情の持続性(堅さ)について、この世における彼の意欲について、高い調子で語るように誘われたのである。相手は静かにそれを聞いた。彼は微笑すらしなかった、或いは彼が語るのを妨げなかった。彼は相手に語らせ聞いた。彼は沈黙したが、ただ彼が約束したのは(それは要求されたことなのであるが)、語られたことを忘れないということだった。

そのようにして時が過ぎていった。そして前者はこれら全てのことをずっと以前に忘れてしまっていた。これに反して後者はそれを忘れていなかった。然り、もっと異常なことを考えてみよう。前者が雰囲気の瞬間において表明し、ああ、その後いわばみずから放棄してしまった思いつきに、後者は攪乱され真面目に努力を重ね、自分の生活をそれとの関係で築いていった、そういう場合のことを考えてみよう。その人の記憶は何ら変わることなく、あの瞬間の言葉の一語一語がもらさず留められていることをきわめて明らかに立証するものであったが、そうした記憶の確かさのもつ重みはいかばかりであったろう！（Ibid., S. 262f.）

ここで大谷長は「キェルケゴールのレギーネ－関係の一場面の余韻或いはカデンツァ」と註を付けている。ここで言われる「もっと異常なこと」とはどういうことであろうか。誰かがその場の気分で表明し、いわば相手に手渡した考えに、その相手側は自分自身もなげうって動かされ、その考えに従って自分の人生を形成するということである。恐らくレギーネが一場の気分の中で言ったことを、終生忘れずに、その言葉、考えに従って自分の人生を作り上げていったキェルケゴール！　そのような記憶の重みについてキェルケゴールはここで述べているのである（あなたの父と神の名に賭けて私を捨てないでほしい！　という言葉を想起してもよいであろう）。

ああ、この人間の心よ、秘密に閉ざされたお前の囲いの内には、他のだれにも知られることなしに――といってもそれは最悪のことだとは言い切れないだろうが――、時には当人にさえもまったく知られることなしに、隠しもつことができるような何かがあるというのか！　ほんの少しでも歳を取れば、たちまちにして、まるで墓場のようになってしまう、この人間の心よ！　この墓地の中に眠り、忘却の内に眠るものは、誓約、志望、決意のもろもろであり、計画の全体及び断片であり、それは神のみぞ知り給うと、まさに深く考えもせずに我々人間は語る。というのも、我々人間は、自分の言っていること、つまり神のみぞ知り給うと言っていることが、何を含意しているかについて、思いを巡らすことなど稀だからである。しかも、これを半ば軽率に、生活に疲れ果てたかのように言うのである。しかし、真に恐ろしいことは、神は君が忘れた最小のことに至るまでそれを知っており、君の記憶の何が変わったかも知っており、またそれを変わることなく知っていることである。神はそれを、何か過ぎ去ったものであるかのように想起するのではなく、否、彼はそれが今日であるかのように知っている。また彼は、これらの願望、決定、決断について、いわば神である自分に対して語られたのかどうかも知っているのである。――そして彼は永遠に不変であったし、又永遠に不変である。ああ、もし他の人間の記憶がある者に対して重荷になることがあるなら――そうだとしても、しかしそれは決して充分に信頼すべきものではなく、とにかく永遠に続くことなど決してないのである。私は所詮この他の者と彼の記憶から自由になる。だが、全智者、そして永遠に不変の記憶、それから君は免れはしない、少なくとも永

遠においては。恐ろしいことだ！（Ibid., S. 263）

ここに我々は、キェルケゴールのレギーネに対する最終的な別離の言葉を聞くことができよう。キェルケゴール‐レギーネ関係においては、レギーネが言ったことをキェルケゴールが永く記憶して、その言葉が人生の歩みすら決定したと言うことができる。それはレギーネに取っては、重荷となろう。しかし、そうした記憶の在り方において、やはりキェルケゴールが正確であったかどうかという問題は残るのである。しかし、このような人間間の問題と神の記憶とはまったく質的に異なっている。それは唯識で言えば意識と阿頼耶識の違いである。神の不変性を前にしては、二人とも共にその思惑存在を深く懺悔するより他はないのである。そしてそのことにおいて、まさに永遠の結びつきを受取り直すことも可能となるのである。

否、永遠に変わらず、神に対して全ては永遠に現前している。永遠に同じように現前しているのである。いかなる変転の影も、朝と夜の、青年時と老年、忘却と弁解の影も彼を変転させない。否、彼にとってはいかなる影もないのである。言われるように、もし我々が（たちまちにして消え去る）影であるなら、彼はその永遠の不変性において永遠の光明である。もし我々が急ぎ行く影であるなら――私の魂よ、お前は十分気をつけよ、というのは、君が欲しようが欲しまいが、君は永遠へ、彼のもとへ急ぎ行くのである。それゆえに彼は清算をするのみならず、彼が清算なのである。我々人間は、清算のために恐らく長い時間がかかり、又、清算しあげるためには処理しがたい多量の詳細さが入るかのようにして清算しなければならない。ああ、我が魂よ、清算はあらゆる瞬間に実現されているのである。なぜなら彼の不変的な光明が清算であり、それはどんな最小のものの中にも完備されており、又それは、すでに私が忘れてしまったものも決して忘れず、実際にあったことを間違って記憶する私とは違って、永遠の不変者たる彼によって保管されているからである。（Ibid., S. 264）

八　平安と浄福の場所

この思想には又、平安と浄福があるということも本当である。もし君がこの人間世界の、あらゆるこの時間的で現世的な可変性と回転に飽き、君自身の不安定さに飽きて、休みそして休み終えるために、君が君の疲れた頭、君の疲れた思い、君の疲れた心を休ませる得る場所を望むことがあるなら、おお神の不変性の中に休息がある！（Ibid.）

ここに第二のイタリック体がある（第三版）。ここで大きな分割があるのである。すなわち神の不変性は畏れとおののきの対象であると同時に、又真の安らぎが成就する所でもあるのである。キェルケゴールはここにSted（場所）という言葉を使っている。真実の場所、人間が真実そこに休息を実現できる場所とは何処にあるのか。それは神の不変性の思想の内にあるのである。

しかしながら、この思想を真に受け入れるには、我意の否定が必要である。ここでこの小論も最初の問題に戻るのである。神の不変性の受容と我意の否定（金子大榮は「念仏は自我崩壊の呼び声である」と言われた）は同時に起こるのである。又我意の否定は我意の自覚を通して以外にはありえない。親鸞のいう「二種深信」の構造がはっきりと見て取れるであろう。「罪悪深重・煩悩熾盛」の自覚こそが真の平安への飛躍を可能にするのである。平安と浄福の場所へ至ることは、かくして非常に弁証法的である。

またキェルケゴールは興味深いことをここで述べている。それは神の不変性の思想によって安らぎの場所に住まうには、常に神の不変性を思い念じなければならないというのである。一旦神との関係が（神との意志疎通が）生起して、それでおしまいという訳ではないのである。人間存在は常に思惑（思枠）存在である。それはこの心身のある間は持続するものである。私は他力信仰の現実性の特徴を常々「既に」（schon）と「未だ……ない」（noch micht）との相即で考えてきた。ここから、「常に思う」ことの重要性が生じるのである。このことは浄土教では「執持すること」の重要さとして考えられている。執持とは「とりたもつ。常に堅く念頭に把握して忘れざること」をいう。『阿弥陀経』の「執持名号」或いは覚如の『執持鈔』等、このようなところから出てくる言葉である。

さらにこの思想が憩いの場となることを、次のように述べている。

幸福な住居を持っている者は言う、私の住居は永遠に保護されている、私は神と神の不変性の中に憩う、と。その憩いを、君自身以外の誰も君に妨げない。もし君が不変の服従の中で全く服従するようになり得るなら、君はどの瞬間にも、重い物体が地上に降下するのと同じ必然性で、或いは軽い物が天に向かって昇るのと同じ必然性で、自由に神の内に憩うだろう。他の一切をただそれが為すに任せて回転させなさい。（Ibid. S. 265）

ここでいくつかの言葉について触れておきたい。⑴まずキェルケゴールが「幸福な住居」といっているることである。Hjem（住居、家）の概念は、恐らく「如来の家」の概念とも通じるであろう。或いはいささか異質な改変を為した形で、ハイデガーの Heimat にも通じるであろう。⑵又、fri（自由）という言葉がここに出てくる。わずか一語ではあるが、キェルケゴールの自由概念の成立する場を表現して余りあるのではなかろうか。それは神の不変性に不変に服従するところに成就するのであり、しかもその際には自我が崩壊していなければならない。又⑶「他の一切をただそれが為すに任せて回転させなさい」という言葉がある。ここは非常に重要な箇所である。一切が成るように成る縁起の世界と通じる。英訳では "Then let everything else change, as it does." となっている。無常そのものに成り切るところに（それは徹底した我意の否定を当然伴う）、無常に振り回されない平安な境地が（場所が）

現成するのである。

さて、最後にキェルケゴールはこの平安と浄福の場所、憩いの家について、さらに「泉」の比喩をもって記しているので、それを見ておきたい。

聴衆者諸君！　今こうしている間にも、時間はみるみる過ぎていく。そしてこの談話も又そうである。もし君自身に求めるところがないなら、やがてこのひと時も又忘れ去られるであろう。談話も又そうである。そして君自身に求めるところがないなら、やがて、神の不変性の思想も又可変性の内に忘れ去られるであろう。しかしながら、それについて神には、そう、不変者である彼には何の責めもない！　しかるにもし君が忘却という罪を犯すことがなければ、この思想の中で君は生涯に渡って、否永遠に庇護されるであろう。荒野の中での一人の孤独な者を考えて見たまえ。太陽の熱で殆ど焼き尽くされ、衰弱しつつ彼は泉を見出す。ああ、何たる快い涼感だろう！

(Ibid.)

こうしてキェルケゴールは泉の発見を不変なる神の発見に譬えている。そこには偽りのない、真実の涼感がある。親鸞の浄土にも泉の意義があって、悲願はたとえば「涌泉（ゆせん）のごとし」（『教行信証』）と言われているのが想起される。ここに現生不退、正定聚の立場が成立するのである。キェルケゴールにおいても最初の神との出会い（回心）がここに考えられている。さて、次にこの涼感の受取り直しについてであるが、次のように述べられている。少し長くなるが、最後に引用しておこう。受取り直しは「一人の人間の胸の内に」実現するのであって、それがここでしっかりと確認されている。――荒野の孤独者は、「泉」（神）を発見した。泉は冬に凍てつくこともなく、夏の炎暑に、その冷たさを失うこともなく不変である。又、この孤独者の言うことに不真理な誇張などなかった。

しかしながら、彼の人生は、彼が考えていたとは全く別の展開をした。彼はある時道に迷い、広い世界へ引き込まれた。多くの年月を経て彼は帰ってきた。その時最初に彼の頭をよぎったのは泉であった――しかしそれは無かった。それは涸渇していた。その瞬間、彼は悲しみの内に沈黙して立っていた。次いで彼は気を取り直し、そして言った。本当に私は君の讃美のために言った一言もやはり撤回しない。それはすべて真実だった。そして君がまだ湧き出ていた頃、私は君のその快い涼味を讃美したのだ。ああ、愛すべき泉よ、今君は消え去ったが、一人の人間の胸の内には不変性があるということが真実であることを示すために、私にお前を讃美させて欲しい。……あなた、おお神よ、あなた不変なる者、あなたは常に見出され、又、不変に見いだされねばなりません。何人も、生においても死においても、あなたが見出されず、あなたが存しない程遠く旅する者はありません。あなたは実際至る所にあられます。――地上の泉はそのようには存しません。泉はただ個々の場所にのみ存します。さらに――無限に確かなこと！――あなたは言うまでもなく泉のように一箇所には止まっておられません。あなたは一緒に旅をされるのです。ああ、そして誰もあなたへの帰路を見出すことが出来ない程遠くへ正道を踏み外す者はありません。（Ibid., S. 266）

注

（1）S. Kierkegaard, *Guds Uforanderlighed*, S. V. 3udg. Bd. 19, Gyldendal, 1964. S. 256.　なお、以下の引用においては、括弧内に頁数を記した。

（2）思惑を思枠と記していることに関しては、これまでにも注記した。「肉の内なる刺」の注（4）参照。

（3）この躓きについては、例えば、『死に至る病』においては、貧しい日雇い労働者と帝王の例が出ている（拙訳、一一五頁以下）。帝王がこの日雇い労働者に使者を送り、婿にしたいと申し出るのだが、彼は、このことを素直に喜べず、むしろ帝王が自分を小馬鹿にしようとしていると立腹するのである。此処には余りの過度が存在するのである。しかし、この申し出を信ずるつつましい勇気こそ、信仰である。

（4）『真宗聖教全書』一、大八木興文堂、一九六七年、二七〇頁参照。

（5）道元『正法眼蔵』水野弥穂子校注、岩波文庫、一九三三年、五四頁。

あとがき

「まえがき」にも書いたように、書くこと、生きることについて考えていた頃、私はキェルケゴールと出会った。まだ十代であったが、当時大阪外国語大学にあった、大谷長先生主宰の「キェルケゴール協会」に入会した。キェルケゴールとはそれ以来の付き合いである。私が洋書なるものをはじめて手にしたのは、"Fear and Trembling and The Sickness unto Death" (Doubleday Anchor Books) であった。

親鸞との出会いは、『歎異抄』を通じてである。また、祖母松本キヨの影響が大きい。祖母の姓が違うのは、祖父が日露戦争で戦死して、祖母は再婚したからである。祖母は漢字を書くことができず、カタカナで、多くの念仏詩を残している。その内の一つを、ささやかな思い出として、ここに記しておきたい(熊本の方言が入っている)。

キケヨ　キケヨノ　オンジヒデ　フコキケ　ソコキケ　カドヲキケ　アサクホッテワ　ニゴリミヅ　マダホレ　フコキケ　カドヲキケ　フコホッタ　ミヅナラバ　ナムアミダブツノ　ミヅガワ

ク　ソノミヅノンデ　メガサメタ　ワタシノワルキガ　ミエテキタ　オヤサマナカセガ　ミエテキタ　ワタシノヨウナ　アクニンヲ　ドコドコマデモ　ツイテキテ　タツケニャ　オカンノ　ゴネンリキ　ワタシワ　マイルヤツジャナイ　マイルテアシモ　ムコウカラ　オヤサマノ　チエトジヒト　ホウベント　ソノヒトスジニ　カラメラレ　アアアリガタヤ　ナムアミダブツ　ナムアミダブツ

（深く聞け。浅く掘っては、濁り水。深く掘っていくならば、南無阿弥陀仏の水が湧く。その水飲んで目が覚めた。私の悪が見えてきた。親さま泣かせが見えてきた。私のような悪人を、どこどこまでもついてきて、助けずにおかないというご本願。私は参る者じゃない。参る手足も向こうから。親さまの智慧と慈悲と方便と、その一筋に絡められ、ああ、ありがたや。南無阿弥陀仏。南無阿弥陀仏。）

さて、私の「いのち」との出会いは、どうであろうか。私には少年の頃の、天草の海が思い起こされる。小島の先端の岩に立つと、澄み切った青い海が私のすぐ足元から、遥か水平線の彼方まで広がり、太陽に輝く波が打ち寄せる。海水は澄み切って、魚の影も見ることができる。遠くに連絡船が見える。姫戸丸だ。その少年の日の吹き渡る潮風を、今でも生き生きと感じることができる。その時には、私がいるのではなく、海があった。

なお、本書出版に際しては、晃洋書房の井上芳郎氏に、一方ならずお世話になった。厚くお礼申し上げたい。

二〇一八年

山下秀智

《著者紹介》
山下 秀智（やました　ひでとも）
1944年　熊本県天草に生まれる
1973年　京都大学大学院博士課程単位取得退学（宗教学専攻）
2000年　博士（文学）（京都大学）
現在　静岡大学名誉教授

主要業績

『教行信証の世界』（全三巻）（北樹出版、1985年）
キェルケゴール『死に至る病』（単訳、創言社、1990年）
『宗教的実存の展開』（創言社、2000年）
キェルケゴール『キリスト教への修練』（共訳、創言社、2011年）
『キェルケゴール　死に至る病』（晃洋書房、2011年）

「いのち」を生きる
―キェルケゴールと親鸞に学ぶ―

2019年1月30日　初版第1刷発行　　＊定価はカバーに表示してあります

著者の了解により検印省略

著　者　山下秀智©
発行者　植田　実
印刷者　藤森英夫

発行所　株式会社　晃洋書房
〒615-0026　京都市右京区西院北矢掛町7番地
電話　075(312)0788番（代）
振替口座　01040-6-32280

カバーデザイン・組版　（株）トーヨー企画
印刷・製本　亜細亜印刷（株）

ISBN978-4-7710-3155-5